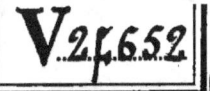

SALON DE 1857.

24652

LES ARTISTES

BRETONS, ANGEVINS, POITEVINS

AU SALON DE 1857.

—

LETTRE ADRESSÉE A M. BENJ. FILLON,

PAR

THOMAS ARNAULDET.

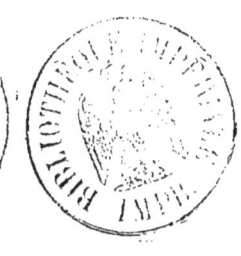

96

NANTES,
And GUÉRAUD ET Cie, IMPRIMERIE-LIBRAIRIE
DU PASSAGE BOUCHAUD.
—
1857.

(Extrait de la REVUE DES PROVINCES DE L'OUEST, dirigée par Armand GUÉRAUD.
5e Année, 1857-58.)

LES ARTISTES

BRETONS, ANGEVINS ET POITEVINS

AU SALON DE 1857.

—

LETTRE ADRESSÉE A M. BENJ. FILLON.

Mon cher Fillon,

Vous ne serez pas peu surpris de recevoir, par l'intermédiaire de la *Revue* de notre ami M. Guéraud, au lieu de ma *Liste* — je devrais dire notre *liste* — *de portraits poitevins*, ou de ma *Notice sur le sculpteur Bousseau*, cette lettre sur le Salon de Peinture, un essai, le croirez-vous, de critique d'art contemporain, à la place d'une bonne exhumation artistique, d'une bonne réhabilitation ou résurrection même de quelque vieux peintre, sculpteur, architecte ou graveur oublié de notre Poitou, que l'on puisse rapprocher de celles d'Errard et de Bachot, dont l'honneur vous revient, à ma grande jalousie. Mais excusez, et ne désespérez pas de me voir un jour marcher sur vos traces. Si je parais aujourd'hui sacrifier bien facilement mes prédilections pour l'histoire de l'art ancien à la critique d'art moderne, celui-ci me ramènera sûrement et plus vite que vous ne pensez au premier.

D'ailleurs, l'ordre d'idées dans lequel a été conçu cet examen vous prouvera, je crois, qu'ici même la question historique n'a pas été complétement étrangère à mon but. J'ai voulu conserver le souvenir des principales œuvres des artistes poitevins, bretons et angevins qui ont pris part à l'Exposition de cette année, quoique tableaux et sculptures soient nombreux et même, en général, assez remarquables pour leur assurer, sans le faible concours de ma critique, un rang très-honorable dans notre école actuelle. N'ayant point la prétention de leur conquérir ni de leur assigner ce rang, j'aurai du moins le plaisir de le constater, et j'essaierai de le motiver suivant mes forces.

2

Mais avant, et afin de ne point m'exposer au reproche de provincialisme trop étroit que j'encourrais si je m'occupais trop exclusivement de nos compatriotes, je crois nécessaire, ne fût-ce que pour montrer en quelle compagnie se font remarquer leurs œuvres, de jeter un coup d'œil d'ensemble sur le Salon tout entier.

Comme on pouvait s'y attendre après l'Exposition universelle de 1855, qui renfermait, vous le savez, une réunion très-imposante des principales œuvres de nos artistes contemporains, celle de cette année paraît d'une infériorité d'autant plus sensible que presque tous les grands noms de notre école y font défaut et que les bonnes choses y perdent beaucoup de leur valeur à raison du nombre vraiment trop considérable d'œuvres admises. M. Ingres, dont on espérait un nouveau chef-d'œuvre, *la Naïade*, ravissante, dit-on, de forme et de ligne, qu'on a pu voir il y a quelques mois dans son atelier, n'a point cru devoir l'envoyer au Salon. M. Eugène Delacroix, occupé d'ailleurs de grands travaux de décoration à Saint-Sulpice, fait aussi défaut, contre sa louable habitude. M. Ary Scheffer, moins excusable, semble retiré du monde artiste. Quant à M. Decamps, sa santé maladive contrarie depuis quelque temps son activité ordinaire. MM. Chenavard, Couture et Lehmann se reposent de leurs travaux du Panthéon, de Saint-Eustache et du Luxembourg. Les autres maîtres de la grande peinture et la plupart des membres de l'Institut travaillent chacun chez soi, pour soi, ou pour les privilégiés dont ils acceptent les commandes. Pouvant se passer maintenant du suffrage du public, dont ils ont conquis l'estime, ils croient peut-être rendre un service aux artistes moins connus qu'eux en les privant de leur compagnie, lorsqu'en réalité le rapprochement de leurs œuvres serait si nécessaire, non-seulement à leurs confrères, auprès de qui l'exemple a tant d'influence, mais encore au public, dont le goût s'altère si facilement dans l'absence des sujets sérieux de comparaison.

Ainsi que dans la grande peinture, je pourrais signaler, dans la peinture de *genre*, de paysage ou d'animaux, un grand nombre de regrettables lacunes ; notamment, l'absence de MM. Diaz, Paul Huet, Jules Dupré, Troyon et de Mᴵˡᵉ Rosa Bonheur. — La sculpture souffre aussi beaucoup de l'absence de MM. Barye, Jouffroy, Maindron ; la gravure et la lithographie, de celle de MM. Henriquel, Dupont et Mouilleron. Et encore, on le voit, j'en passe, ayant hâte de terminer cette liste d'absents, déjà trop longue, pour arriver aux artistes de talent qui ont répondu à l'appel bisannuel de l'administration des Beaux-Arts, et qui méritent bien en échange les remerciements et les encouragements du public.

Mon choix, dans le nombre énorme, vous ai-je dit, d'œuvres exposées, ne sera guidé par aucun de ces principes prétendus infaillibles sur lesquels les critiques basent d'ordinaire les théories et professions de foi qu'ils croient devoir exposer au lecteur avant d'entrer en matière. Mais si l'on m'accorde seulement que l'expression (le but), bien plus que l'exécution (le moyen), doit donner la mesure du mérite de toute œuvre d'art, quel qu'en soit le sujet, on ne pourra disconvenir qu'une certaine direction a présidé à mes jugements, et l'on me pardonnera d'avoir aussi volontiers fixé mon attention sur les genres prétendus secondaires, le portrait, le paysage, les animaux, etc., que sur les sujets religieux, historiques, etc., sans m'astreindre, dans une aussi rapide revue, à la division en sujets religieux, historiques, de genre, etc. Du reste, le manque réel de direction de notre école et le nombre toujours croissant des individualités en rendent l'application presque impossible. On peut seulement constater l'existence de quelques groupes : celui de la nouvelle école ; celui des peintres d'anecdote historique, plutôt que d'*histoire;* celui des peintres de batailles ; celui des paysagistes, le plus remarquable de tous ; celui des animaliers ; et le parti qui me paraît le plus sage est de m'attacher successivement, pour toute classification, à chacun de ces groupes, sans y comprendre, si ce n'est à l'état de citation sommaire, nos artistes provinciaux, qui seront l'objet de la seconde et principale partie de ma revue.

Le groupe important qui, en l'absence de nos artistes de premier ordre, attirera surtout mon attention, est celui que j'appelle la *Nouvelle École*. Ses chefs sont MM. Gérôme, Hébert et notre Baudry, osons le citer dès à présent, sauf à y revenir plus en détail en son lieu.

M. Gérôme, dont le nom est le premier tombé de ma plume, parce qu'il me paraît être le roi du Salon, et qu'il est désormais en possession de toutes mes sympathies, a envoyé sept tableaux excellents, dont deux ou trois sont peut-être des chefs-d'œuvre, et qui viennent consacrer sa réputation, conquise par dix ans de travaux assidus. Si les sujets en sont divers et permettent pour cette raison de juger plus complétement l'artiste, ils ont ce point commun — et c'est, ai-je dit, le grand point — qu'ils sont tous rendus avec expression et toujours dans l'expression qui leur convient. M. Gérôme n'appartient à aucune de ces coteries qui s'intitulent École réaliste, École néo-grecque, École idéaliste. Il dessine bien, sa couleur est juste ; de plus, il compose, ce qui est un mérite assez rare : mais son apparent éclectisme ne l'empêche pas d'être parfaitement original, au point qu'on chercherait vainement à le rapprocher de quelque autre artiste, si ce n'est peut-être de Bida, notre grand dessinateur, qui peint avec le crayon. Quelle intelligence, quelle science, quel art enfin dans ces *Recrues égyptiennes traversant le désert?* Attachés deux à deux par le poignet, comme des bœufs sous le joug, une compagnie de ces robustes soldats s'avance patiemment à travers une sorte de nuage lumineux et poussiéreux, où l'usage de la vue et de la respiration semble impossible. La vérité de type, de costume, de climat, donne à cette fine peinture, qui n'a pas deux pieds carrés, tout le caractère de la réalité, sur laquelle elle l'emporte par le charme inhérent à toute profonde interprétation. Un photographe eût été mathématiquement plus exact, mais il n'eût pas été si expressif. C'est que, si M. Gérôme a su indiquer, avec toutes les ressources de son dessin précis et de son coloris harmonieux et juste, la membrure solide de ces Égyptiens au teint rembruni, leur manière hardie de porter le vêtement et les armes, il a aussi sagement sacrifié, notamment dans les terrains et dans le fond, beaucoup de détails que l'instrument du photographe eût invariablement et uniformément reproduits, au détriment des points plus importants à faire valoir.

M. Gérôme me pardonnera ce rapprochement, que me suggère malgré moi le cachet de vérité attaché à ses œuvres ; il me le pardonnera à raison de celui que j'ai indiqué en nommant M. Bida, et qui lui fera plus d'honneur. Ces deux artistes ont la même puissance d'expression, l'un et l'autre par un dessin correct, précis et élégant ; et si le charme d'un coloris harmonieux paraît donner la supériorité à M. Gérôme, M. Bida semble l'emporter par l'énergie de son crayon sévère, vigoureux et fin. *La Prière chez un chef arnaute* de M. Gérôme et *le Mur de Salomon* de M. Bida sont les compositions qui m'ont donné la première idée de ce parallèle, à raison de l'analogie du sujet. Dans le premier de ces tableaux, quelques Arnautes et leur chef, suivant les rites de leur religion, sont debout, pieds nus, dans diverses attitudes de la prière. Le silence et le recueillement qui règnent dans la salle tranquille et sans ornements où sont rassemblés ces fidèles, impressionnent si vivement que la solidité harmonieuse du coloris et l'élégance du dessin de tous les personnages de cette scène sont des qualités qui passent d'abord complétement inaperçues. N'est-ce pas là le grand art, que de faire oublier les moyens par la conquête du but? M. Bida, plus libre, il est vrai, de varier ses poses, a su tirer de cet avantage le parti le plus favorable pour sa composition magistrale, où l'attention est tout d'abord attirée par le mur vénérable qu'embrasse la foule prosternée de ces juifs aux physionomies ferventes. Toutefois, pour que la finesse d'une exécution, parfois trop recherchée, disons-le, ne concentre pas trop l'attention sur ce mur adoré, M. Bida a dû redoubler d'amour et de passion dans les types si fins et si beaux de ses personnages, auxquels il sait nous attacher en même temps. Mais je reviendrai en son lieu à M. Bida ; M. Gérôme, que je ne veux pas quitter si vite, me rappelle à lui sans grand'peine.

Ses *Chameaux à l'abreuvoir* offrent un groupe superbe de ligne de ces imposantes et bonnes bêtes. L'un d'eux, monté par un cavalier, se désaltère à pleine gorge dans un bassin ombragé de palmiers; un autre, qui n'a pu encore approcher de l'eau, fait de son museau avide une grimace parfaitement intelligible. Un ciel bleu, une verdure sobre et la peau fauve des chameaux donnent à ce tableau l'harmonie tranquille de coloris que M. Gérôme cherche et trouve toujours sans sortir du caractère propre au lieu qu'il choisit.

L'Égypte, qui a été cette année sa terre préférée, lui a encore fourni les sujets de deux autres tableaux lumineux comme le ciel d'Orient, où toujours il se montre surtout fin dessinateur et aussi coloriste à sa manière, non par de riches oppositions de tons variés, mais par cette harmonie résultant de la sobriété de teintes si propre à faire valoir sa qualité de dessinateur. Quel imposant caractère M. Gérôme a su trouver dans la nature et transporter dans son interprétation, à ces deux énormes monuments de *Memnon et Sésostris,* dont la masse se détache impassible sur la ligne calme d'une plaine terminée par des rochers d'un gris rose et où sont groupés des chameaux en repos ou en marche aux silhouettes étranges et des indigènes cuivrés aux costumes rouges, bleus et blancs dont l'éclat s'harmonise avec la douce limpidité d'un ciel d'azur. Un superbe pendant de ce tableau, c'est la *Vue de la plaine de Thèbes,* resplendissant de lumière sous les rayons obliques d'un soleil invisible.

Deux compositions d'un tout autre genre sont *les Pifferari* et *le Duel*, dont il me reste à dire quelques mots, pour terminer l'examen — les Bretons eux-mêmes me le pardonneront — que j'ai cru devoir faire de toutes les œuvres exposées par M. Gérôme. C'est une délicieuse et fine petite étude que ces deux jeunes Pifferari exécutant leurs perçants concerts en face d'une de ces madones que l'on rencontre aux coins des rues de Rome. Le type italien paraît aussi familier à M. Gérôme que le type égyptien, et les accessoires sont ici rendus avec intelligence et sentiment, mais un peu sèchement.

L'autre sujet, emprunté à la vie moderne parisienne, est le duel, au sortir du bal de l'Opéra, en plein bois de Boulogne, d'un Pierrot et d'un Sauvage accompagnés chacun de leurs deux témoins. Cette trop nombreuse classe du public parisien qui est avide du drame quand même, se presse en foule devant cette petite toile, qu'elle proclame la perle du Salon et qu'un Anglais achète vingt mille francs. Pour moi, qui crois que le drame est une ressource dont on doit user avec modération en peinture, je suis moins frappé de l'intérêt d'un semblable sujet, plus littéraire que pittoresque, s'il n'est même faux, que d'un mérite incontestable de composition dont M. Gérôme aurait pu faire un meilleur emploi. Conçoit-on ailleurs que dans un drame de l'*Ambigu*, deux débauchés assez profondément ivres d'une part, pour oser vider la discussion d'un point d'honneur en costume de Pierrot ou de sauvage ; d'autre part, assez maîtres encore de leur raison pour ne point terminer leur débat sur place, mais choisir leurs armes, le lieu de la lutte et se procurer chacun leurs deux témoins ? Comprend-t-on non-seulement ces deux personnages, mais les quatre témoins, plus ivres encore sans doute, acceptant aussi leur rôle sous leurs déguisements ? — Non. La vraisemblance me paraît complétement manquer à l'idée qui a produit cette œuvre, louée sans réserve par le public peu artiste dont j'ai parlé, et qui, je le dis à regret, traitée par M. Biard, aurait eu le même succès auprès du même public. Mais M. Gérôme, qui s'adresse ordinairement aux véritables gens d'art, par le sujet comme par la forme, y a fait preuve et plus que jamais, je le répète, de ses qualités de dessinateur et d'une grande science de composition. Sans l'excuser de s'être laissé séduire par un sujet d'un succès facile et peu relevé, ces qualités ne demandent pas moins à être constatées : le Pierrot succombant sous le coup de son adversaire, qui déjà s'esquive, est superbe dans son costume blanc taché de sang, au milieu du groupe des témoins aux déguisements variés qui l'entourent de leurs soins inutiles, et à qui la raison semble enfin rendue à la vue du moribond. L'exécution est ferme et serrée, la couleur harmonieuse. Mais tous les éléments de contrastes pittoresques et d'expressions variées que renferme ce sujet, et dont M. Gérôme a su tirer tout le parti possible, ne détruisent point le défaut capital d'invraisemblance. Je ne crains pas de quitter M. Gérôme, envers qui la sévérité est bien permise, sur une critique aussi grave, qui ne m'empêche pas de le classer, je le répète, tout à fait à la tête de la nouvelle école.

On ne peut assurément assigner un si haut rang à M. Hébert. Il est cependant l'une des individualités les plus tranchées de cette école dont les tendances sont toutes dirigées vers l'expression. Mais il n'en varie vraiment point assez les motifs, et il paraît se vouer aux sujets italiens tristes et mélancoliques, aussi spécialement que M. Hamon à ses enfantillages helléniques, sous prétexte qu'ils ont une fois réussi, l'un dans *la Malaria*, l'autre dans *ma Sœur n'y est pas*. Les compositions de M. Hébert sont d'ailleurs pleines de style et surtout de sentiment; mais son dessin manque souvent de précision, et sa couleur, qui laisse surtout à désirer, quoiqu'elle serve bien ses propensions sombres, est si uniformément terne et maladive, qu'on l'a surnommé, non sans raison, *le peintre des poitrinaires.* Depuis le succès de *la Malaria,* l'un des plus charmants tableaux du Luxembourg, l'auteur ne s'est point départi, malgré l'inopportunité des cas, de son coloris préféré, qui exhale dans ce tableau un parfum si juste de tristesse et de mélancolie. Cette année encore, pour ne point sortir de mon sujet, il expose le *Portrait de Mme la princesse de Beauveau,* vue jusqu'aux genoux, et celui d'un enfant en pied, dont les originaux ne me paraissent pas devoir porter écrit si lisiblement sur le visage le peu de temps qu'ils ont à vivre. L'éclat des yeux et surtout la forme et la force des membres me font présumer, au contraire, que rien ne doit annoncer chez eux une fin prochaine. Du reste, les poses ont, à défaut de naturel, de l'originalité, surtout celle de l'enfant, qui est remplie d'un cachet très-bien rendu d'aristocratie.

Quant au tableau des *Fienarole,* il est, il faut l'avouer, traité dans la gamme sombre et mélancolique qui convient aux sujets que, par tempérament sans doute, affectionne M. Hébert. Mais il resterait encore à vérifier s'il n'a point exagéré, comme le pensent quelques critiques, ou même complétement imaginé le caractère de tristesse de ces vendeuses de foin des environs de Naples, plutôt insouciantes que tristes, disent les voyageurs.

Mais le sujet de la nouvelle école qui donne les plus belles espérances est sans contredit M. Baudry, dont je m'occuperais ici si je ne préférais réserver l'examen de ses tableaux pour la revue de nos artistes poitevins. Pour la même raison, je ne peux que citer ici le nom de M. de Curzon, dont le talent si distingué touche à sa maturité.

M. Bouguereau, de la Rochelle, notre voisin par conséquent, fait aussi beaucoup d'honneur à l'école des Beaux-Arts; mais il aura plus de peine à se débarrasser des traditions conventionnelles de ses premières études. Il poursuit avec persévérance, mais encore sans originalité, la réalisation d'un rêve de beauté basé sur la forte impression qu'ont faite sur lui la simplicité de l'antique et le style des grands dessinateurs, sources inépuisables d'inspiration. Ses œuvres, qui en font foi, ne nous attachent que par le souvenir de créations bien supérieures, et non par le charme intime qui résulte de l'expression individuelle d'une pensée originale. *La Danse, l'Amour, l'Amitié,* ne sont que de bonnes réminiscences des peintures et des bas-reliefs antiques et des allégories magistrales des écoles romaine et florentine. La recherche de la ligne, au détriment de la couleur, y trahit les tendances trop exclusives de M. Bouguereau. Pourtant, ce défaut de coloris est bien moins sensible depuis le remaniement des cadres. Dans le premier placement, le voisinage de tableaux aussi riches de couleurs que ceux de M. Courbet l'écrasait pour ainsi dire, tandis que maintenant l'isolement de ses peintures décoratives leur prête une sorte d'harmonie douce et sobre qui ne pouvait se faire jour au milieu de l'entourage éclatant dont je viens de parler. Le groupe de *l'Amitié,* qui est d'une heureuse composition, m'a même paru traité, au point de vue de la couleur, dans le véritable ton qui convient à ces motifs de décoration auxquels semble se consacrer M. Bouguereau, et où il a bien mieux réussi que dans les sujets historiques : *l'Empereur visitant les inondés de Tarascon,* et *le Retour de Tobie.* Ce dernier sujet renferme pourtant de grandes qualités de dessin et de modelé; mais, comme couleur, il est terne et sans transparence, pour ne rien dire de plus.

D'autres grands prix de Rome, qui, malgré leur respect bien plus exclusif pour les traditions académiques, tendent à se rapprocher de la nouvelle école, MM. Barrias, Benouville, Cabanel, Gustave Boulanger et un représentant non moins fidèle de cette tradition, M. Jalabert, ont envoyé au Salon des œuvres remarquables à différents titres. Mais l'espace me manque pour relever avec les détails nécessaires la grande tournure du *Michel-Ange* de M. Barrias, la poésie et le style des toiles de M. Benouville relatives à la vie de Raphaël et à celle de Poussin, la distinction et la grâce de l'*Aglaé* de M. Cabanel, la grandeur un peu théâtrale du *César passant le Rubicon* de M. Gustave Boulanger, le sentiment et la douceur de *Roméo et Juliette* de M. Jalabert. Je désirerais aussi développer suffisamment la critique d'un défaut commun à ces œuvres, le manque de vie et l'absence de couleur.

Il est encore un petit groupe, celui des *Néo-Grecs*, qui se disperse heureusement peu à peu et subit déjà les saines influences de la nouvelle école. La poétique création que M. Gendron a intitulée *la Voix du torrent*, la trop vaste mais savante composition des *Amours à l'encan* de M. Glaize et quelques toiles bretonnes que nous retrouverons sont les meilleures œuvres de cette catégorie.

Mais des tableaux bien plus importants, et sur lesquels je ne peux me dispenser de m'arrêter, sont les scènes et anecdotes historiques de MM. Robert Fleury, Comte, Matout et Eugène Deveria, les grandes toiles d'actualité de MM. Muller et Édouard Dubuffe, et les batailles de MM. Horace Vernet, Yvon, Gigoux, Pils et Gustave Doré. — Ce ne sont point là tous noms nouveaux. Le talent robuste de M. Robert Fleury est depuis longtemps connu; mais, dans ces derniers temps, on avait lieu de remarquer que de robuste il devenait lourd et pesant. Cette année, ce reproche n'est plus applicable : le *Charles-Quint au monastère de Saint-Just* est une excellente peinture et l'une des meilleures du Salon. Le vieil empereur, assis dans une chaise à porteurs, reçoit le message de Philippe II, qui le supplie de quitter le cloître. La fine tête allongée de l'illustre solitaire, l'expression distinguée de l'ambassadeur Gomez de Silva et surtout le caractère de curiosité mêlée d'humilité des physionomies des moines groupés derrière le souverain, témoignent de la profonde influence des portraits vénitiens et espagnols sur l'esprit de l'artiste.

M. Comte se montre bien toujours l'élève de M. Fleury : on retrouve dans ses tableaux le même mérite de composition serrée et réfléchie, de coloris solide et harmonieux. Mais ce qui leur manque, c'est cette intelligence historique de l'époque, qui donne presque aux œuvres de M. Robert-Fleury l'aspect d'œuvres contemporaines des événements qu'elles représentent, tant elles sont conformes à l'idée qu'on se fait de ces événements. Pourtant, la toile ayant pour sujet *Henri III visitant sa ménagerie de singes et de perroquets* révèle de bien profondes études des *pourtraictures* contemporaines : mais ces personnages, exactement *costumés*, en ont plutôt la ressemblance que le caractère ; ce sont, disons-le, comme de bonnes copies qui ne rappellent pas seulement, mais font regretter les originaux.

Les dimensions convenables, selon moi, des tableaux historiques de MM. Comte, Robert-Fleury et de quelques autres artistes parmi lesquels je ne peux oublier M. Jacques Leman, auteur d'*Une* fine et précieuse *Matinée dans la chambre bleue de la marquise de Rambouillet*, sont une preuve bien évidente qu'il n'en est pas des tableaux d'histoire et surtout d'anecdotes historiques comme des tableaux de *genre* : les premiers gagnent souvent à se restreindre aux dimensions des tableaux de genre, tandis que ceux-ci perdent beaucoup, comme nous le verrons, à s'élever aux proportions des grandes machines historiques. Ainsi, les compositions de MM. Eugène Deveria et Matout auraient assurément gagné à des proportions plus modestes. *La Mort de Jeanne Seymour* et les *Quatre Henri dans la maison de Crillon*, renferment cependant les mérites d'exécution facile et de costume, sinon de couleur, que l'on a toujours appréciés chez l'auteur du *Supplice de Jeanne d'Arc*.

Quant à M. Matout, la grandeur de ses toiles s'explique à raison de leur destination ; car elles doivent, comme on sait, décorer l'amphithéâtre de l'école de médecine de Paris. L'une représente le fondateur des premiers cours de chirurgie de Paris, le célèbre chirurgien du XIIIe siècle, *Lanfranc démontrant le crâne humain, dans l'église Saint-Jacques-de-la-Boucherie,* en présence d'un nombreux auditoire. Dans la seconde toile, c'est *Desault,* chirurgien du dernier siècle, *expliquant l'appareil qu'il a inventé pour les fractures de la cuisse.* Malgré l'intérêt scientifique plutôt que pittoresque qui s'attache à des scènes de cette nature, l'artiste a su, par l'exactitude historique et par le mérite d'une exécution ferme et colorée, gagner les suffrages du public de l'art aussi bien que ceux du public de la science.

De la peinture d'anecdotes historiques à la représentation des grands faits civils ou militaires il n'y a qu'un pas ; l'une se complète par l'autre. Mais, généralement, on paraît oublier qu'au Moyen-Age comme du temps de la Renaissance, il y eut des cérémonies pompeuses, religieuses ou royales, des tournois, des entrées de ville, de même qu'il y a aujourd'hui des réceptions de souverains et des congrès. Il est vrai que, malgré quelques rares exemples de succès, la difficulté de s'identifier non-seulement comme costume, mais comme physionomie générale avec l'époque que l'on choisit, rebute souvent en pareille circonstance, et non sans raison, la plupart des artistes. En revanche, et c'est le résultat inévitable des commandes, ils abordent hardiment, mais non pas toujours avec bonheur, la peinture des grandes scènes d'actualité. M. Muller, que l'on croyait coloriste, qualité dont il avait plus que jamais besoin dans cette occasion, n'a point donné à son *Arrivée de la reine d'Angleterre au palais de Saint-Cloud* tout l'éclat que l'on pouvait désirer. Le dessin est exact, mais sec, et la couleur fausse ou désagréable. M. Édouard Dubuffe a été plus heureux, au point de vue de la composition comme au point de vue de la couleur, dans son *Congrès de Paris,* où on reconnaît le portraitiste ordinaire, plein de distinction et mondain de nos célébrités contemporaines.

Si l'on veut voir maintenant à quel prix cette paix a été achetée, qu'on se figure le carnage reproduit par M. Yvon dans sa *Prise de la tour Malakof,* qui a valu à son auteur la médaille d'honneur au Salon de cette année. C'est une énorme toile qui sort des données panoramiques et topographiques ordinaires aux sujets analogues, grâce à l'heureux agencement et à l'importance des groupes qui s'y meuvent et s'y culbutent de toutes parts, mais sans confusion pour l'œil du spectateur. — La clarté est aussi l'une des qualités bien connues de M. Horace Vernet, qui a, dans sa *Bataille de l'Alma,* la facilité d'escamotage qui lui est habituelle, mais non cette solidité, cette énergie qui résulte chez M. Yvon de la fermeté de touche et du coloris. — Telles ne sont point les qualités qui distinguent *la Veille d'Austerlitz* de M. Gigoux. Pour la composition, cette toile rappelle les batailles de Gros ; mais pour le coloris, qui est miroitant et sans consistance, il m'a paru tout à fait imaginaire. — M. Pils, au contraire, qui, cette année, a conduit sur le champ de bataille les soldats, qu'il connaît si bien dans leur intimité, n'a rien d'indécis dans son dessin élégant et dans sa couleur harmonieuse; et son *Débarquement de l'armée française en Crimée* est l'une des meilleures peintures du genre. — Mais le plus fougueux de tous nos peintres de bataille est M. Gustave Doré. Quelle mêlée, quelle tuerie dans sa *Bataille d'Inkerman ?* Le désordre est peut-être même excessif. La confusion des groupes et le manque d'épisodes importants ne sont point rachetés par l'aspect émouvant de l'ensemble de cette composition, dont le dessin comme la couleur sont par trop fantastiques.

Des portraits de batailles aux portraits des combattants la transition est toute simple; mais si je cherche plutôt dans un portrait le mérite de la peinture que l'intérêt du personnage, je serai forcé de laisser là la guerre et les soldats. Ce n'est pas cependant qu'il n'y ait de bonnes qualités dans les *portraits des généraux Canrobert et Bosquet* et dans celui de l'*Empereur à cheval*, par Horace Vernet: ils ont entre autres celle de la ressemblance la plus parfaite; mais les qualités artistiques par excellence, la pensée, le style, sont absentes.

Je n'en dirai pas autant des portraits peints par MM. Hippolyte Flandrin et Baudry, qui sont sans contredit les plus beaux du Salon. Celui de Mme L., par M. Flandrin, est un chef-d'œuvre de ligne et de modelé; celui de M. Beulé, par M. Baudry, un chef-d'œuvre de franchise et de couleur. Mais, de plus, le caractère de grâce naturelle dans le premier et de distinction recherchée dans le second, donne à chacun de ces portraits un tout autre charme que celui de la ressemblance. Après ces savantes peintures, on peut encore admirer les portraits de M. Hébert, dont j'ai déjà parlé; ceux de M. Ricard et de Mme O'Connel, qui sont empreints d'une si suave réminiscence des tons blonds et chauds des Vénitiens, et ceux de MM. Chaplin et Jacques Leman, qui cherchent simplement la distinction et la vie.

Mais j'arrive à cette nombreuse et bonne catégorie de tableaux que l'on est convenu d'appeler *de genre*. C'est, ai-je dit, la partie la plus brillante après le paysage au Salon de cette année, et c'est là plus que jamais que je vais être obligé de me restreindre, n'ayant absolument que l'embarras du choix et pour guide que mes sympathies, lesquelles sont nombreuses. Au lieu de m'attacher, comme je vais le faire, un peu au hasard, à un petit nombre d'œuvres que j'ai choisies, il y aurait pourtant à constater, dans cette innombrable pléiade de peintres de genre, l'existence d'une foule de groupes ayant chacun ses principes et ses procédés. On connaît déjà les *réalistes*, les *infiniment petits*, les *sentimentaux*. Il y en aurait bien d'autres à découvrir.

Le chef du *réalisme* est toujours M. Courbet. Je n'aime point les *pétards* incongrus qu'il se permet toujours, comme pour forcer l'attention. Mais comme, après tout, à côté de ses *Baigneuses* ou de ses *Lutteurs,* il a toujours quelque paysage ferme et senti, en dépit de son mépris pour la pensée, je ne puis passer toujours aussi dégoûté. Et puis, M. Courbet est bien réellement un peintre dans l'acception la plus naturelle du mot. Comme il ne compose ni ne pense, il concentre toute son application dans la facture de son œuvre. Quelle franchise d'exécution dans la silhouette de sa *Biche forcée* dans les neiges du Jura ! Quelle touche dans les étoffes, robes et écharpes dont sont attifées ses horribles *Demoiselles des bords de la Seine!* Le réalisme compte encore, comme on le verra, d'excellents représentants parmi les paysagistes et parmi les *Bretons*.

Dans la catégorie des *sentimentaux*, moins tranchés d'allures, mon choix se fixe sur les œuvres de MM. Stevens et Knaus, qui sont de véritables petits poèmes de morale. La *Consolation* de M. Alfred Stevens est une petite toile d'une bien grande simplicité de composition et de coloris, mais empreinte d'un touchant caractère de tristesse et de sensibilité : une mère en pleurs et sa fille rendent une visite de deuil à une jeune femme qui se compose un maintien en rapport avec la circonstance. L'expression de chacun des trois personnages de cette fine étude d'intérieur se prête à l'analyse la plus attentive : les larmes vous gagneraient presque à la vue de cette veuve de bien fraîche date, pleurant auprès de sa fille qui comprime avec effort un sanglot prêt à éclater, et de cette jeune femme dont la physionomie distraite rompt un instant, comme pour en doubler l'effet, le chagrin de ses amies. — Dans ses deux autres toiles intitulées *Chez soi* et *l'Été,* M. Stevens nous prouve une fois de plus, et avec moins encore, que la passion n'est point l'unique ressource pittoresque. Il a observé dans l'intimité de la maison — et il nous paraît indiquer là toute une nouvelle voie à explorer en peinture — les sentiments distingués, les manières élégantes et toutes les finesses honnêtes des jeunes femmes de notre temps, que trop d'artistes étudient au quartier Bréda. De cette manière, sa peinture touche à l'histoire en même temps qu'à la morale. Et ici, qu'on me permette d'exprimer une opinion que j'ai à peine indiquée à propos de MM. Robert Fleury, Comte, etc., c'est que la peinture des mœurs contemporaines est peut-être la plus historique de toutes, et celle qui présente aujourd'hui les plus sérieuses chances d'exactitude et aussi de succès. Vainement quelques partisans du XVIIIᵉ siècle de M. Meissonnier, ou même de celui de M. Faustin Beisson, nous objecteront le mérite de ces artistes. Tout en appréciant à d'autres points de vue leurs œuvres, nous préférerons toujours étudier leur époque de prédilection dans Chardin ou dans Boucher, et toute autre époque dans les œuvres contemporaines. M. Stevens nous paraît donc donner à son talent une excellente et toute nouvelle impulsion, en cherchant autour de lui les sujets de ses tableaux. Il a bien raison aussi de n'en point tirer, comme d'autres artistes, un prétexte à satins miroitants, à seins dégarnis, à effets de lumière, ou à toutes autres spécialités ayant depuis longtemps leurs peintres attitrés et souvent exclusifs. Dans sa peinture, l'exécution, quoique très-intelligente et parfois d'un rare bonheur, est subordonnée à la pensée, à l'expression, à l'intention. Quelle grâce de dessin, quelle harmonie de couleur, dans la femme qui se chauffe les pieds devant sa cheminée surmontée d'une glace! Quel bonheur de coup de pinceau dans ce chapeau et dans ce châle jetés près d'elle sur un fauteuil vert, toujours dans ce petit tableau de *Chez soi!* Pourtant, toutes ces finesses, loin de détourner l'attention, concourent au caractère mystérieux, à la satisfaction tranquille qui règne autour de cette jeune femme, accoudée avec tant de paix et de complaisance devant sa glace fidèle. — Quant à l'*Été,* il n'est point, vous le pensez bien, personnifié à la manière allégorique du XVIIIᵉ siècle. C'est encore une jeune femme, presque une jeune fille, qui a remonté au galop son escalier; elle a laissé tout ouvert derrière elle, et, les bras tendus et énervés par la chaleur, elle épluche un citron dans un verre d'eau, dont elle va se rafraîchir avec avidité. Son indolence jointe à une sorte d'indécision dans le dessin et dans la couleur même, traduisent l'expression cherchée.

Le talent de M. Knaus, que je ne rapprocherai point de M. Stevens, ni pour la nature des sujets qu'il traite, ni pour la manière de les traiter, a pourtant les mêmes propensions honnêtes et toutes de sentiment. Mais il aime à montrer, non pas à l'intérieur, mais en plein air, dans un paysage, au milieu des richesses de la végétation, les richesses ou les pauvretés de l'humanité. Personne n'a oublié son *Lendemain de fête de village*, qui établit d'un seul coup sa réputation, il y a quatre ans. Aujourd'hui, son *Convoi funèbre* et ses *Petits Fourrageurs* la confirment, mais sans y rien ajouter. Les effets divers de la douleur et des regrets sont très-habilement exprimés sur les physionomies variées des enfants, du magister et des villageois qui composent le triste cortége. Un paysage blond et roux sourit harmonieusement à cette scène, comme une promesse du ciel pour le défunt. Dans les *Fourrageurs*, c'est un petit bohémien rapportant joyeusement à sa mère l'oie qu'il vient de rapiner à la ferme voisine. Mais, à travers les épaisses broussailles où se détache, avec une bien grande harmonie, le teint doré de la mère et de l'enfant qu'elle allaite, des paysans clairvoyants surprennent en flagrant délit le petit voleur, qu'ils vont tancer. Ce sont là deux charmantes toiles, auxquelles on pourrait peut-être reprocher un ton trop uniformément blond roux, qui leur donne l'aspect enfumé des vieux tableaux.

Le royaume très-populeux des *Infiniment-petits* est toujours gouverné par M. Meissonnier. Il n'est pas nécessaire de revenir ici sur l'exécution à la fois large et serrée de ses tableaux microscopiques, où l'expression et la vie ne me touchent, je l'avoue, qu'en sous-ordre. — MM. Fauvelet, Chavet, Plassan, Vetter, Pezous, suivent de plus ou moins près la trace de ce petit maître, et on pourrait relever, comme de coutume, dans leurs *Amateurs*, dans leurs *Joueurs*, dans leurs *Fumeurs*, etc., etc., toutes les qualités du procédé, à défaut de celles de la pensée. Exceptons pourtant M. Chavet de ce reproche : son *Estaminet de* 1857, qui est l'un des rares tableaux dont le sujet soit contemporain, est à tous égards une étude pleine de justesse, qui me prouverait de nouveau l'avantage qu'il y aurait à demander plutôt à nos mœurs actuelles qu'à celles des temps passés, des sources d'inspiration ou tout au moins d'observation.

D'autres artistes, que leur individualité et trop souvent leur étroite spécialité empêchent de grouper, cultivent la peinture de genre. On pourrait peut-être tous les classer sous la rubrique de *ficellistes*. M. Chaplin aime, et je l'aime quelquefois aussi, la chair rose et veloutée de la jeune fille dont le sein palpite sous le voile; — M. Willems fait miroiter le satin blanc dans la robe d'une jeune femme qu'il reproduit sans cesse, dans tous les sens; — M. Édouard Frère cherche et atteint quelquefois le sentiment, dans l'enfance, qu'il pourrait cependant rencontrer ailleurs que dans les mansardes, ou dans les pauvres intérieurs ; — M. Millet enfin — pour ne citer que quelques noms connus — a imaginé d'isoler dans des plaines, des silhouettes de laboureurs ou de glaneuses, pour arriver à une certaine expression de sentimentalerie que l'on prend pour le sentiment le plus fin. Quelques critiques font grand bruit autour de lui. Pour moi, il ne me servira guère que de transition pour en venir à nos paysagistes.

Sans chercher ici à établir la démarcation d'usage entre les stylistes et les naturalistes, qui, par bonheur, se fondent à la fin dans une seule et puissante école de paysage, vrai et idéal à la fois, j'essaierai de rappeler rapidement les caractères si divers du talent des principaux d'entre eux. — M. Corot, qui est déjà un vétéran, est toujours le poète subtil et tendre qui fait rêver avec lui, dans un espace de quelques pas, sous le ciel terne de la campagne parisienne, où, sous son pinceau, tout revêt je ne sais quel parfum de mystère et de mélancolie. Son dessin pourtant est plein d'indécision, et sa couleur, comme tamisée, est grise ; mais ces critiques tombent bien vite sous le poids de la profonde impression qui règne dans ses *Matinées*, dans ses *Souvenirs*, dans tous ses coins de nature, en un mot, quel que soit le titre qu'il leur donne. — MM. Daubigny et Théodore Rousseau, plus réels dans leurs interprétations de la nature, ont un autre charme que celui de la poésie, mystérieuse, vague ou rêveuse ; ou plutôt, leur poésie est différente, elle est plus claire, plus naïve, peut-être moins distinguée, mais, par cela même, plus appréciable par toutes les classes de juges. Tout le monde aime leurs *Printemps*, leurs *Futaies*, leurs *Étangs*, leurs *Orages*, leurs *Moissons*, vrais et variés comme la nature, et qui ne trahissent chez eux aucun tempérament particulier, triste ou gai, calme ou bouillant, mais une admirable faculté, celle d'être sensible à toutes les jouissances comme à tous les tourments qui peuvent résulter de la vue des arbres, du ciel, de l'eau, des rochers. Et telle est même la puissance de cette faculté, que leurs œuvres, pour qui sait les apprécier, produisent une impression plus profonde encore que celle de la nature elle-même. Il est en effet tel cours d'eau, bordé d'une simple langue de terre fuyant au loin à l'horizon, sous un ciel gris, semblable en tout au tableau de M. Daubigny, que l'on eût traversé sans s'arrêter, dans la nature, tandis qu'on séjourne longtemps devant l'interprétation de l'artiste, pour y revenir encore et toujours avec un plaisir nouveau. Le paysage ainsi compris est une véritable découverte de l'art moderne, qui n'oublie pas complétement pourtant ce que depuis Le Poussin et Claude Lorrain on appelle le style. Demandez plutôt à M. Français. — Son but, à lui, et son originalité me paraissent surtout tendre vers une fusion du paysage vrai et du paysage idéal ou rêvé, mais possible. Dans cette voie, qui a l'immense avantage de perpétuer la tradition, excellente quoi qu'on en dise, du paysage à grandes lignes, composé quelquefois, si l'on veut, mais souvent plein d'une magistrale grandeur, M. Français s'est créé une place très-distinguée et très-originale parmi les paysagistes, et ils sont nombreux et variés. Après ces maîtres, je ne peux, à mon grand regret, m'arrêter sur MM. Cabat, Bodmer, Xavier de Cock, Flers, Edmond Hédouin, dont les œuvres mériteraient toutes un examen spécial.

Quelques-uns des paysagistes que je viens de nommer, donnent aux animaux, ainsi qu'à l'homme, une place importante dans leurs tableaux, et pourraient aussi figurer dans la classe des animaliers, qui a, du reste, ses champions particuliers. Les chevaux sont grandement, trop grandement même, représentés dans l'immense *Coup de collier* des vigoureux porcherons de M. Verlat. Mais qu'il y a loin de là à Géricault ou même à Rosa Bonheur ! — Il y a bien moins de distance entre M. Jadin et Desportes, qui ont, du reste, une originalité incompatible avec toute idée de comparaison. M. Jadin n'a guère en effet que l'esprit de ce maître dans ses charmants portraits de chiens, dans ceux de MM. *Booby* et *Cesar*, par exemple. Il a mieux aimé avoir recours aux plus vaillants animaliers de Flandres, pour ce qui regarde la couleur ; même il a dû aussi consulter à son endroit les Vénitiens. Ses *Sept Péchés capitaux* en font foi ; ils me paraissent de plus, comme composition, avoir la valeur d'un tableau d'histoire. Les vices et les passions qu'on nomme *Invidia, Superbia, Libido, Avaritia*, sont ici groupés et liés entre eux avec l'unité serrée d'une horrible épopée, et décrits... par des museaux de chiens. — M. Joseph Stevens excelle aussi à peindre l'ennui, l'aristocratie et mille autres manières d'être, dans les physionomies de ces intelligentes bêtes ; mais il a peut-être trop de prédilection pour le *chien savant*. — D'autres animaux moins bien doués ont leurs partisans : M. Palizzi adore les béliers à la toison crépue, et les ânes grisonnants ; M. Salmon voue un culte assidu aux dindons ; M. Charles Jacques, aux poulets de toutes les familles. Mais, hélas ! les poissons n'ont point de peintre. 4

Des paysagistes et des animaliers, je passe aux peintres voyageurs, qui ont avec eux une fréquente analogie. Decamps et Marilhat n'ont pas barré derrière eux les portes de l'Orient. C'est plus que jamais la terre préférée. J'ai parlé de M. Gérôme; il n'a pas seul exploré le pays du soleil. M. Belly, plus chaud coloriste, moins fin dessinateur, est, je crois, un nom nouveau mais plein d'avenir, si je m'en rapporte aux espérances que me font concevoir ses vues d'Égypte. — M. Tournemine, jadis breton, se fera bientôt naturaliser turc s'il continue à témoigner une intelligence aussi profonde des *Cafés*, des *Routes*, des *Lacs* de l'Asie Mineure. Il a toute la lumière, toutes les finesses, toutes les élégances de contours de ces contrées, sur sa palette; mais qu'il prenne garde à ne pas faire, comme les Anglais, d'aquarelles à l'huile. — M. Valerio, dont l'Exposition universelle a déjà popularisé les types Hongrois, Albanais, Valaques, etc., complète par ses études sérieuses et spécialement consacrées aux habitants des pays qu'il visite, celles des artistes que l'aspect général de ces mêmes pays paraît seul intéresser. Ses aquarelles sont surtout empreintes d'un caractère bien tranché de nationalité. Mais son tableau à l'huile n'a pas la même énergie, à raison sans doute de son coloris parfois trop fondu et mondain. — Avec MM. Théodore Frère et Eugène Flandin passons en Perse; entrons dans les *Cuisines*, dans les *Boutiques*, dans les *Bazars* de Téhéran ou de Beyrouth, et rapportons-nous-en à ces souvenirs exacts sans doute, quoiqu'un peu secs. — Revenons avec M. Ziem par la Méditerranée, et arrêtons-nous à Venise, où saint Marc lui apparaît, à tort ou à raison, comme à travers un prisme, dont l'effet est dans tous les cas fort singulier dans sa peinture, miroitante et irisée. — Mais rejoignons plutôt M. Fromentin sur la rive opposée, qu'il connaît par cœur. Il la décrit, comme il la peint, cette chaude Afrique, et cet incroyable Sahara, traversé quand même par des *Chasseurs au faucon*, par des *Marchands arabes*, ou par des *Tribus nomades*, Arabes, chevaux et chameaux, tous roux, cuivrés, basanés ou fauves, et rôtis sous un ciel du bleu le plus intense.

Auprès de cette nature si vivante, j'ai remarqué les sujets dits de *nature morte*, quoique souvent ils contiennent des êtres parfaitement vivants. Ainsi, les fleurs et les fruits, qu'on a le tort de comprendre sous cette dénomination inexacte, sont assurément pleins de sève et de vie sous le pinceau de MM. Saint-Jean et Chérelle. Mais les plus vivants tableaux de nature morte sont ceux de M. Monginot, qu'anime encore une louable réminiscence de Chardin.

A la suite de ce dédale de peintures, au milieu duquel je n'ai pu me débrouiller plus succinctement, on a encore rangé des miniatures, quelques pastels, d'innombrables dessins, gravures et lithographies, parmi lesquels mon choix sera plus facile et plus prompt. Après les fines miniatures de Maxime David et de Mme Herbelin, j'ai remarqué un émail d'un compatriote et d'un émule de Petitot. C'est la *Caravane* de M. Baut, d'après Marilhat, où toute la finesse et toute la poésie de l'original doivent se retrouver. — Un autre étranger, du moins quant à la naissance, M. Devers, qui s'adresse aussi aux meilleurs modèles, rappelle vraiment Bernard Palissy par ses persévérantes tentatives suivies de découvertes, dans le genre des émaux et des faïences du xvie siècle. Son exposition est très-variée, et j'y ai surtout admiré une faïence reproduisant l'*Astronomie* de Raphaël. — Enfin, une fine et rayonnante petite pourtraicture d'un blondin de ma connaissance a aussi fixé mes regards, c'est le portrait du petit P. C... par Mme Cheron, sa mère, ce qui explique en grande partie la réussite de l'œuvre.

Les pastels sont mauvais. Nos pastellistes trouvent sans doute ceux de la Rosalba et de La Tour trop légers et trop suaves. M. Maréchal vise à l'énergie de la peinture à l'huile, mais arrive à la lourdeur, dans son *Cristophe Colomb*, qui étouffe dans son cadre en s'efforçant en vain de s'en dégager. — M. Eugène Giraud, dont je reconnais la facilité, pèche par le défaut contraire dans ses trop jolis portraits de grandes dames et de belles femmes, dont ni les formes ni la physionomie ne se font jour à travers leurs éblouissantes toilettes.

En revanche, il y a d'excellents dessins. J'ai déjà parlé de M. Bida, pour le rapprocher de M. Gérôme, qu'il a précédé dans cette voie d'observation de types et d'expressions, poursuivie avec tant de puissance dans son *Mur de Salomon*, dans son *Réfectoire de moines grecs*, et dans ses deux sujets français, *l'Appel du soir* et *le Chant du Calvaire*. Je n'ose décrire et analyser, comme je le voulais d'abord, ces solides et fins dessins dont le souvenir est pourtant irrévocablement gravé dans mon esprit.— D'ailleurs, il faut finir et citer en courant les têtes pensives de M. Amaury Duval; mais passer plus rapidement encore devant les froides *mines* de plomb de

M. Paul Flandrin, pour retrouver de préférence MM. Pils, Valerio et Eugène Lami, dans leurs intelligentes aquarelles, et un fin graveur à l'eau-forte, M. Bracquemond, dans le portrait exquis de Mme A...

La gravure au burin est bien malade, elle va succomber. C'est triste à dire; pas une seule œuvre à mentionner, avec la conscience qu'elle puisse rester. — L'eau-forte va mieux, grâce à quelques paysagistes qui se sont mis à consulter une bonne fois les Flamands, et qui les imitent et les suivent de près. Citons MM. Daubigny, Leo Drouyn, pour leurs paysages, et M. Chaplin, pour son *Portrait de femme d'après Rubens*. — Les graveurs sur bois sont rares au Salon; sont présents pourtant : MM. Gusmand, Pierdon, Lavieille, Sargent, etc. Ceux que je viens de citer comprennent surtout la véritable voie que doit suivre leur art, en cherchant dans la simplicité et la clarté des tailles l'effet du dessin qu'ils traduisent, dessin qui, il faut le dire, n'est pas toujours conçu par un artiste ayant l'intelligence de la gravure sur bois. — Mais les plus forts sont les lithographes. Loin de se laisser devancer par les photographes, ils rivalisent avec eux de finesse et de transparence. MM. Laurens, Nanteuil, Eugène Leroux, Sirouy, excellent dans la reproduction de leurs propres œuvres ou des tableaux modernes ; il est à regretter qu'ils s'attaquent si rarement aux anciens maîtres, dont les œuvres inédites sont encore si nombreuses. Douteraient-ils, par exemple, du succès qu'obtiendrait la reproduction d'une série de costumes orientaux dessinée au XVIIIe siècle, avec la plus exquisse délicatesse, par un peintre trop peu connu, mais assurément très-habile, nommé Étienne Liotard? Tous ceux qui les ont vus au cabinet des estampes de la Bibliothèque impériale, où ils sont conservés, forment le vœu que je me permets d'exprimer ici.

Il ne me reste que peu de mots à dire de la sculpture, trouvant, comme tout le monde, l'occasion très-défavorable pour des réflexions un peu étendues sur l'état actuel de l'art, et où je n'aurais qu'à constater sa décadence presque complète. Entre autres opinions, j'y exprimerais celle-ci, qui semblera surtout contestable aux élèves de deux statuaires de talent, Rude et Pradier, qui ont partagé l'école actuelle en deux camps ; c'est que, les deux hommes, les deux seuls génies peut-être de la statuaire contemporaine, et dont l'influence eût été le plus salutaire, David d'Angers et Barye, en ont précisément eu le moins. De là, selon moi, l'insignifiance de l'école qui écoute encore, d'un côté, certains préceptes de raison dont Rude mitigeait les grands principes de l'Antique ; de l'autre, les conseils de praticien que Pradier donnait en présence des Vénus et des Apollons de la Grèce. Le petit nombre d'artistes qui se tient en dehors de ces tendances, mais sans faire école, est composé de quelques membres de l'Institut, dont les œuvres font toujours nombre. Mais cherchons enfin à citer quelques statues. La *Comédie* et la *Tragédie* sont d'assez bonnes figures de M. Duret, que son *Pêcheur napolitain* fait avec raison estimer. Les poses sont bonnes, l'exécution est bonne ; mais, en somme, c'est froid, à cause du sujet. — On a beaucoup vanté l'*Ariane* de M. Aimé Millet. C'est un élève, mais bien méconnaissable, de David d'Angers, qui ne pécha jamais par le défaut d'afféterie, que l'on prend d'abord pour la grâce elle-même, dans cette figure assez heureuse de ligne et d'exécution. — Les deux statuaires distingués que je citais tout à l'heure, figurent encore, quoique morts, au livret du Salon, qui leur rend un dernier hommage : *L'Amour dominateur* et un groupe, *Hébé et l'Aigle de Jupiter*, ont été envoyés par la veuve de Rude. C'est ce qu'on peut appeler des œuvres sages. Le calme et la correction qui en font le principal mérite, ne tiennent pas lieu du caractère et de la force qui font défaut. Quant à Pradier, c'est l'esquisse du *Soldat mourant*, exécuté par son élève M. Lequesne, qui lui appartient, et, malgré son élégance, elle n'ajoute rien de saillant à son œuvre. Il est sans doute plus facile d'atteindre à l'élégance qu'au caractère. Entre autres statues qui en seraient une nouvelle preuve, j'ai noté l'*Enfance de Bacchus* de M. Perraud, et *Être et Paraître* de M. Leharivel du Rocher : ce sont deux compositions très-gracieuses, mais dont l'expression est faible. — Parmi les bustes, j'ai admiré, et c'est même là ce qui m'a le plus frappé dans la sculpture, les *types Kabiles*, *Arabes*, *Mauresques*, etc. de M. Cordier, qui a, dans ces études, la finesse et l'énergie de dessin de Bida et de Gérôme. — M. Alexandre Oliva a poussé plus loin la finesse du modelé dans ses bustes, surtout dans celui du *Père Ventura*, qui fait espérer plus encore de son auteur, jusqu'à présent peu connu. — Les animaliers de la sculpture alimentent toujours l'industrie d'une foule de groupes remarquables, surtout au point de vue de l'exécution ; mais rarement ils osent s'attaquer à la sculpture monumentale. Aussi me suis-je longtemps arrêté devant le beau lion de M. Jacquemart, auquel je suis heureux, en terminant ces trop rapides

notes sur les sculptures, de témoigner mon admiration, que la présence même du grand Barye n'eût point contrariée.

———

J'arrive enfin, mon cher Fillon, à la partie essentielle de ma tâche,
à l'examen des œuvres de nos artistes provinciaux. J'aurais désiré,
comme vous vous m'y avez engagé vous-même, le faire précéder encore
d'un coup d'œil sur l'état des arts du dessin dans chacune de nos
provinces. Je me suis procuré dans ce but de nombreux renseignements; mais ils sont encore si insuffisants, surtout en ce qui concerne
l'Anjou et la Bretagne, et, du reste, la seule analyse que je pourrais
en faire m'entraînerait de nouveau si loin, que je renonce pour le
moment à l'exécution de ce projet. Par des raisons analogues, je n'ai
pu grouper les artistes de chaque province par genre ou par école,
et j'ai adopté simplement, pour la peinture comme pour la sculpture,
l'ordre alphabétique, qui a bien ses avantages. Mais je n'en ai pas
moins cherché à indiquer, à l'article de chaque artiste, la direction
artistique et les doctrines auxquelles il se rattache, en remontant le
plus souvent à ses travaux antérieurs, afin d'apprécier dans son
ensemble, sinon l'art dans les provinces de l'Ouest, du moins dans
chacun des artistes en particulier, dont l'exposition renferme des
œuvres.

BRETAGNE (¹).

PEINTURE.

* ANDRÉ (Jules). — M. Jules André n'est point breton, mais
voyage seulement en Bretagne. C'est un de nos plus clairs et de nos
plus gais paysagistes, soit qu'il emprunte ses modèles à l'Aisne, à la
Creuse ou au Morbihan. Or, l'âpre Bretagne semble moins convenir
à son tempérament. Dans sa *Route de Morbihan,* la nature forte, les

———

(1) J'ai fait précéder d'un astérisque le nom des artistes qui, sans être nés
dans la province, ont traité des sujets relatifs à son histoire ou à ses paysages.

beaux chênes, les bestiaux, les chemins rocailleux ou couverts de
rousses bruyères, le ciel nuageux, sont fort au-dessous de la vigueur
de l'original, qui devait assurément présenter une plus grande unité
et plus d'harmonie dans l'effet général.

* ANTIGNA. — On a fait à cet artiste une réputation exagérée
pour ses scènes immenses d'incendie ou d'inondation, dans lesquelles
il visait à l'horrible, et par le sujet, et par la solidité brutale de sa
brosse. Cette année, il paraît comprendre l'avantage qu'il y a, pour
des tableaux de genre, à se restreindre à des dimensions modestes ;
mais les sujets bretons qu'il a exposés ont toujours ce défaut de
lourdeur, d'autant plus sensible à raison de leur petite dimension,
et il n'est point racheté par cette franchise et cette énergie de couleur qui distinguent les tableaux de M. Fortin. *La vieille Bretonne
qui file son rouet* auprès de sa fenêtre, est d'une expression assez
juste ; mais elle est vraiment maçonnée comme la muraille de sa
chambre. — *Le Rebouteur* est plus rude encore, et moins expressif.

* BARBIER (Nic.-Alex.). — Voici encore un paysagiste voyageur
dont le tempérament ne s'accommode point avec les différences d'aspect des pays qu'il explore. Ses *Landes et Bruyères* en Bretagne
sont cependant une de ses meilleures toiles. Le vent du soir siffle
bien, sous ce ciel de plomb encore clair tout à l'horizon, aux oreilles
de deux cavaliers attardés et d'un enfant qui ramène son troupeau
le long d'une rivière argentée.

* BAUDIT. — M. Baudit, quoique génevois, comprend mieux le
Morbihan que M. André. M. Livet a déjà cité avec éloges, dans la
Revue des provinces de l'Ouest (2ᵉ année, 1854-55, p. 156), un
paysage de cet artiste qui figurait à l'exposition de Nantes, il y a trois
ans. Depuis, M. Baudit a continué ses pérégrinations dans la Bretagne, dont il saisit maintenant toute l'âpreté sauvage. Ses brouil-
lards, ses brumes, lui sont aussi familiers que ses terrains et ses
arbres. *L'Étang de Beaulieu, la Fenaison au matin,* et une autre
vue également prise en Morbihan, sont des toiles empreintes du
sentiment de la couleur locale. L'exécution seule, un peu indécise,
laisse à désirer.

BAZIN (Eugène). — Si M. Guéraud n'avait pas lui-même donné
de précieux renseignements sur les batailles microscopiques de
M. Bazin (V. livraison de septembre 1856 de la même *Revue*, p. 33), je
serais obligé, pour initier le lecteur au genre dont il a aujourd'hui

le monopole, de lui rappeler non-seulement les Charlet ou les Bla-
remberck les plus minutieux et les plus populeux, mais encore les
eaux-fortes les plus lilliputiennes de Duplessi-Bertaux, où chaque
trait, chaque point lumineux exprime avec la plus grande précision,
les mouvements, les costumes, les intentions même des combattants
de tous pays; mais le genre et le procédé de M. Bazin ayant été
révélés à ses compatriotes, qui l'avaient peut-être oublié, je n'ai qu'à
citer sa belle gouache représentant l'*Attaque et la Prise de Sébas-
topol*, pour donner une idée des ravins, défilés et sentiers sans
nombre où se meuvent en tous sens d'innombrables piétons et cavaliers de tous régiments français et étrangers.

  * BERNIER (Camille). — C'est encore un Parisien qui voyage en
Bretagne, la palette à la main. Un devant de ferme, des arbres verts,
un ciel bleu couvert de nuages moutonnants, ont été par lui transportés naïvement sur une petite toile où il n'a peut-être pas répandu
l'unité et l'harmonie de couleur désirables.

  * BERTAUD (Mme Henriette). — Cette dame a peint avec une fermeté qui n'est pas de son sexe, un noir Breton tenant son fusil et
prêt à partir, auprès de son chien, qui le regarde d'un œil impatient.

  * BERTHÉLEMY. — Les peintres de marines ne sont plus très-
nombreux. M. Gudin nous aurait-il dégoûtés de la mer? On ne fait
plus que des vues de ports et quelques naufrages. On n'ose aborder
la mer seule, ni quand elle est calme et unie, ni quand elle est furieuse
et déchirée. M. Berthélemy paraît pourtant encore sensible à sa
poésie; espérons qu'il lui demandera de plus grands effets que ceux
qu'il a reproduits dans ses deux tableaux, dont l'un n'est qu'une
étude d'un dessin trop insuffisant. Un groupe de trois personnages
en prière sont prêts d'être submergés sur un radeau où un chien
aboyant semble aussi implorer du secours. L'effet est assez saisissant,
parce que la composition est bonne; mais ce n'est, je le répète,
qu'une esquisse incomplète quant au dessin et quant à la couleur. —
La Rentrée des bateaux pêcheurs à Douarnenez est un tableau plus
grand et plus achevé, qui a quelque analogie avec ceux de Jules
Noël, le pittoresque marinier breton.

  BLIN (François). — M. Blin, de Rennes, est un élève de M. Picot;
ce qui importe peu, puisqu'il est paysagiste. Il vaut mieux remarquer
qu'il se classe immédiatement à la suite de Corot et de Rousseau par
son exposition de cette année, qui témoigne de ses progrès depuis les

Salons de 1852 et de 1853, où il exposait pour la première fois. Je n'ai point oublié l'un de ses tableaux qui figurait à ce dernier Salon sous le titre de : *Les Muids, effet du matin en Sologne,* et qui m'avait fait concevoir de sérieuses espérances, encore aujourd'hui non réalisées, de récompenses pour leur auteur. En 1855, M. Blin n'avait rien envoyé au Palais des Beaux-Arts ; mais, cette année, il reparaît avec de nouvelles études prises en Sologne, et je continue à m'identifier avec le charme et la poésie qui s'en échappent. Il y règne une solitude et une paix complètes, et dont l'effet est encore augmenté par une couleur fondue et dégradée dans la plus douce et la plus harmonieuse mesure. Ce n'est point la franchise de Daubigny ni la passion de Cabat ; c'est la justesse d'effet de Théodore Rousseau et le mystère de Corot, mais sans imitation même indirecte. Il y avait entre ces deux maîtres une place originale à prendre : c'est M. Blin qui l'a prise. Il a encore emprunté à la Sologne les sujets de deux de ses paysages. L'un, qui n'a guère qu'un pied et demi de largeur, offre des bords humides et boisés de quelques arbres légers, et un cours d'eau où se reproduit le ciel d'un gris transparent et argentin ; tout cela est comme enveloppé dans les vapeurs du soir. — Dans l'autre, c'est une flaque d'eau entourée d'arbres ; l'humidité répand un brouillard sur le marais environnant, qui est plein de profondeur. — En Bretagne même, M. Blin s'est arrêté devant des rocs recouverts d'herbes rousses, parmi lesquelles brillent des flaques d'eau. Il a simplement transporté cela sur une toile, et il a dégradé les fonds, sous un ciel couvert et d'un gris mat et bleuâtre, où l'air a encore conservé toute sa transparence. — A Fontainebleau, un chemin montant vers un ciel gris, sur lequel se détache l'écorce blanche de quelques bouleaux, lui a fourni le plus délicieux peut-être de ses paysages.

* BONHEUR (Auguste). — Le frère de Mlle Rosa Bonheur console presque, du moins quant au paysage, de l'absence de sa sœur. Son *Souvenir de la basse Bretagne* est plein de vigueur. Le ciel est clair, l'eau argentée, et, dans les arbres, circule cette sève que l'humidité fait monter dans leurs branches hardies.

BOUCHAUD (Léon-Prudent). — Il y a déjà longtemps que M. Bouchaud figure au livret des Salons, comme paysagiste, comme dessinateur et comme peintre de portrait et d'histoire. Il a le malheur d'avoir été élève de Drolling et le bonheur de l'avoir été aussi de

Marilhat. On trouverait plutôt dans ce dernier motif l'origine de la vigueur dont il a souvent fait preuve dans ses œuvres, notamment dans son propre portrait, conservé au musée de Nantes, sa ville natale. *La Recluse de la tour Roland* est aussi une énergique peinture, qui a le tort d'être empruntée à *Notre-Dame de Paris,* de Victor Hugo, dont le texte est trop au long cité au livret. En général, ces reproductions de textes nuisent plus qu'elles ne profitent, depuis que l'on est convaincu de la nécessité de choisir un sujet compréhensible par lui-même et non par une citation. Ce n'est pas qu'une lecture ne puisse fournir fréquemment d'excellents sujets de peinture; mais il faut que le rapprochement de la source devienne inutile après le choix, et, par conséquent, il faut bien choisir. Or, M. Bouchaud a-t-il bien choisi? Je répondrai non, pour deux raisons : la première, c'est que j'ai eu besoin de consulter le livret; la seconde, c'est que ce soin ne m'a pas plus avancé. J'ai trouvé que les sentiments divers qui se pressent dans la tête de la Recluse de Victor Hugo n'avaient point l'unité nécessaire à la peinture, qui risque en son absence d'être obscure. Une œuvre célèbre de Delacroix, et qui paraît d'abord analogue, *Le Prisonnier de Chillon*, ne donne point lieu à la même critique, et cet exemple suffirait seul pour me dispenser de la développer davantage. D'ailleurs, si la peinture de M. Bouchaud laisse à désirer au point de vue de l'expression, elle est, comme dessin et comme couleur, précise, correcte et harmonieuse, malgré son obscurité exagérée.

* Bouet (Georges). — Les Normands sont très-provinciaux; pourtant, M. Bouet, qui fait un peu de la peinture en archéologue, n'a pas cru s'expatrier en dessinant avec précision, mais en peignant avec sécheresse, l'intérieur de l'église du Faouet.

Bouquet (Michel). — M. Bouquet, de Lorient, se fait depuis longtemps remarquer aux expositions de Paris, où il a obtenu, pour ses paysages, une troisième médaille en 1839, et une deuxième en 1847 et 1848. Il y a de l'analogie entre son talent et celui de M. Jules André : il aime la clarté, la verdure; mais ne sacrifie point assez ses formes dans la distribution de la lumière, qui papillote et manque d'unité, dans sa *Mare de Kervegan* surtout. Je préfère sa *Vallée près Lorient*, et sa *Lande des environs de Quimperlé,* où j'ai remarqué un beau groupe d'arbres rabougris sous un ciel nuageux et près d'un cours d'eau. — Quant à *la Rue de Nicomédie*, également citée au livret, je n'ai pu parvenir à la rencontrer.

* CHIBOURG (Pierre-Justin-Léopold). — M. Picot n'est définitive-
ment point un bon maître de paysage. Il est vrai que pour avoir fait
une *Vue des bords de la Rance, près Dinan*, M. Chibourg n'en est
pas moins et plutôt un portraitiste.

* CHOUPPE (Jean-Henri). — Les deux grandes aquarelles de
M. Chouppe, la *Vue de Saint-Malo, prise des grèves*, et le *Plan du
vieux marché, à Dinan*, m'ont paru exactes et assez fines, mais
sèches et froides comme aspect.

COTÉ (Hippolyte). — M. Hippolyte Coté, élève de Paul Delaroche,
a envoyé de Brest deux fines *natures mortes*. Celle surtout qui
porte le n° 606, où sont représentés un lièvre, une perdrix et une
bécasse, est d'une exactitude qui tourne au *trompe-l'œil*.

DARGENT (Yan'). — M. Dargent, de Saint-Servais (Finistère), aime
les bords de la mer plutôt que la mer, et il me paraît plus paysagiste que peintre de marines. Je préfère de beaucoup à son *Sauve-
tage à Guisseny*, ses *Bords de la mer à Lokirecq*, où sont, à droite,
des rochers aux formes capricieuses et recouverts d'une rousse
verdure que paît un troupeau de moutons, et à gauche, un coin de
mer côtoyé par un petit sentier. Cette toile a du caractère, mais elle
est peut-être d'une trop grande dimension. Cette observation m'est
suggérée par la vue de quelques gravures exécutées d'après les
dessins de M. Dargent, et où le mérite de ses compositions est bien
plus saillant que dans ses grandes toiles.

* DARJOU (Alfred). — Les Parisiens ne se lassent pas de voyager
en Bretagne, depuis que Fortin et les peintres indigènes, Luminais,
Penguilly, etc. leur en ont indiqué le chemin; mais ceux qui veulent
reproduire ses paysans et ses paysages ne s'identifient pas toujours
avec leur caractère de sauvagerie. *Les Paludiers jouant au tonneau*,
souvenir du bourg de Batz, peint par M. Darjou, en sont une nouvelle preuve. A la porte d'une chaumière, où sont une femme et un
enfant et deux spectateurs, deux joueurs visent dans le trou du tonneau ; tous ces personnages ne sont point bretons, et le dessin et la
couleur n'ont point la consistance et la fermeté que réclamait le sujet.

DESHAYS (Célestin). — Saint-Malo produit beaucoup d'artistes :
M. Deshays y est encore né; il est élève de M. Galetti. Sa *Gorge
aux Loups* (forêt de Fontainebleau), est une bonne étude d'effets de
lumière à travers une verdure intense.

DIJON (Alcine). — Voici un vrai Breton, un Nantais, qui est de plus élève de M. Fortin. Mais il n'expose qu'une tête de moine : c'est un profil assez bien dessiné, autant que j'en ai pu juger à la hauteur où il a été placé.

DOUILLARD (Ludovic-François et Lucien). — MM. Douillard, de Nantes, élèves de MM. Morey et Blouet, m'excuseront de ne point parler de leurs six dessins relatifs à une Église sous le vocable de la Passion. Il faut, pour juger les œuvres des architectes, des connaissances spéciales qui, je le dis à regret, me manquent complétement. Aussi me suis-je abstenu de m'occuper des plans, coupes et élévations des monuments dont ils projettent l'exécution.

DURAND-BRAGER (Henri). — M. Durand-Brager, le dessinateur infatigable, exact et pittoresque des bastions, ravins, mamelons, batteries, rades, etc., etc. de notre expédition d'Orient, est de Saint-Malo. Je ne décrirai point ces immenses et indescriptibles panoramas dont l'exactitude est attestée par les personnes compétentes, mais je relèverai leur incroyable facilité et leur prestesse d'exécution pittoresque. Je connaissais déjà le dessin précis et léger de M. Brager, par les croquis dont *l'Illustration* contient les reproductions parfois un peu dénaturées par les graveurs; mais je ne supposais pas que leur auteur eût la même fermeté, le pinceau à la main. Ces toiles, qui auront un jour peut-être l'intérêt des campagnes de Vander Meulen, lui ont valu une médaille et la croix d'honneur.

DUVEAU (Louis-Noël). — M. Duveau est aussi de Saint-Malo. Il est élève de M. Léon Cogniet, ce qui ne se voit guère à sa peinture. C'est l'un des plus robustes talents de l'École Bretonne proprement dite. Pour sa seule brosse fougueuse, je comprends les dimensions qu'il adopte dans des sujets qui ne sont pourtant que du domaine de la peinture de genre. Quoiqu'il n'ait fait connaître qu'en 1852, par le *Pain bénit,* la véritable voie de son talent, il exposait bien avant cette époque, et c'est son nom qui figure, si je ne me trompe, dès 1842, au livret, pour une *Assomption de la Vierge.* En 1846, le *Lendemain d'une Tempête* lui valut une médaille de troisième classe, et il en obtint une de seconde classe en 1848 pour la *Rencontre,* scène émouvante de brigands arrêtés par des républicains. Depuis, son talent a beaucoup grandi, et s'est déployé dans des genres très-différents, qui paraissent l'avoir convaincu, comme moi, que sa véritable voie est la représentation des scènes de mœurs de son pays, que sa qualité d'habitant de Paris ne lui fait point oublier. Je le féliciterai donc franchement de nous envoyer encore deux tableaux de sujets bretons cette année. Il est des gens qui demandent quand on les délivrera des Bretons, absolument comme on se demande qui nous délivrera des Grecs et des Romains. Pour moi, qui ne suis pourtant pas Breton, je demande qu'on les chante encore, en poésie comme en peinture. J'aime beaucoup le *Viatique* de M. Duveau. Par une pluie nocturne et torrentielle, le vieux sacristain, tête nue, la croix sur la poitrine, conduit, en faisant tinter sa lugubre sonnette, le sinistre cortége composé de deux jeunes gens tenant des lanternes, du curé qui prie, les yeux fixés vers le ciel, et de sept femmes, boiteuses, mendiantes, etc. M. Duveau a tiré de cette scène de désolation tout le parti possible, et sa toile est pleine d'une pathétique émotion. — Dans son *Droit de Passage*, un paysan échauffé embrasse une jeune femme dans un bateau chargé de légumes, tandis que sur la rive, l'époux ou le rival fait la grimace naïve que l'on peut supposer. Le sujet commandait la petite dimension du tableau ; mais ici, M. Duveau, qui a besoin d'avoir ses coudées franches pour sa brosse hardie, paraît avoir été gêné par son cadre ; et ses personnages, ses légumes, ses eaux, sont comme maçonnés dans une facture énergique et uniforme qui leur ôte le mouvement et la vie.

* FISCHER (George-Alexandre). — La chute est grande, ou alors M. Duveau m'a tout à fait faussé le goût ; mais la *Fête Bretonne* de M. Fischer est bien blafarde, bien confuse de dessin et de couleur.

FORTIN (Charles). — Avec M. Fortin, que je considère comme le plus bretonnant Breton, quoiqu'il soit né à Paris, s'il faut s'en rapporter au livret, je retrouve la vraie Bretagne, « terre âpre, presque farouche, où vit dans la misère et les durs labeurs un peuple étroit, superstitieux, entêté et systématiquement inhospitalier à tout étranger. » Ce dernier jugement est exagéré, mais n'est pas de moi, ni de M. Fortin, qui a dû fréquemment se convaincre du contraire. Rapportons-nous-en plutôt à son témoignage peint. Pour cela, il n'est pas nécessaire de rappeler le passé de ce chef bien connu des *Petits-Bretons*, que ses dix tableaux exposés cette année maintiennent toujours à son rang, quoiqu'ils soient d'un mérite très-inégal. Ce qui les caractérise entre tous, c'est la centralisation constante de la lumière en un point unique sur lequel l'artiste veut attirer l'attention. Il résulte de là une apparente monotonie, qui n'existe que dans l'effet, et non dans les expressions très-distinctes de ses personnages. La

Cahute de Mendiant, construite de vieilles branches qui soutiennent à peine un semblant de toit, sert de gîte à un malheureux estropié qui panse sa plaie devant une chouette, bien lugubre compagnon d'infortune. C'est misérable comme la misère elle-même. — Voici maintenant un *Mauvais Joueur* qui boude de dépit. C'est un vieux qui, dans sa colère, a jeté ses cartes à terre ; une jeune fille ramasse l'argent qui est dû à l'autre joueur. Les expressions sont très-bien rendues, malgré une exécution par trop heurtée. — *L'Intérieur de Locminé* est plus paisible : une petite jeune fille coud auprès de son petit frère, qui mange sa soupe. La lumière les éclaire vivement, sans atteindre le fond du toit, où sont rangés des fagots. On se sent transporté dans la plus solitaire des fermes de bûcheron.

    * GUÉRARD (Amédée). — *La Fête bretonne* de M. Guérard, bourguignon, est pleine d'entrain. Trois groupes de paysans, jeunes et vieux, chantent et gambadent en revenant de la fête, ou plutôt en s'y rendant, car leur joie est trop complète. La composition est bonne, parce qu'elle est naturelle ; mais elle n'a pas assez de relief, et le paysage du fond est cependant trop sacrifié.

    * GUILLEMIN (Alexandre-Marie). — M. Guillemin déserterait-il tout à fait la Bretagne, qui lui a autrefois fourni de si fins sujets de tableaux ? Le souvenir seul lui en reste dans ceux qu'il a envoyés cette année, et qui ne lui paraissent pas directement empruntés.

    GUILLET (Aristide). — M. Guillet, de Nantes, et élève de M. Signol, est le seul lithographe provincial que je puisse mentionner. En l'absence d'autres noms, je n'ai point cru devoir consacrer un chapitre spécial à la lithographie. Sa *Pieta,* exécutée d'après son maître, conserve le mérite de composition, mais aussi la mollesse et le manque de caractère de l'original. Le modelé en est correct et fin.

    HAMON (Jean-Louis). — M. Hamon est né à Plouha (Côtes-du-Nord), et est élève de Paul Delaroche et de M. Gleyre. Il s'est fait très-rapidement, depuis 1853, une réputation que des médailles et la décoration de la Légion d'honneur ont sanctionnée ; mais cette réputation commence à baisser, et à bien juste titre. Je ne me propose point de renouveler ici les critiques bien méritées que lui valent ses interminables puérilités helléniques, où l'a irrévocablement plongé le succès de *Ma Sœur n'y est pas,* tableau charmant pris isolément, mais qui, répété à l'infini et sous toutes les formes, s'effacera aussi de notre souvenir, si M. Hamon n'y prend garde. Pourtant, c'est encore en vain qu'on cherche parmi ses dix tableaux de cette année un seul sujet différent. Je n'ai point, je l'avoue, le courage d'examiner aucune de ces *Boutiques à quatre sous*, *Cantharides esclaves*, etc., où je ne trouve ni pensée, ni dessin, ni couleur, et que l'on grave et lithographie de toutes parts, comme les images de M. Numa. MM. Levasseur, Aubert et Sirouy y trouvent sans doute leur profit ; mais c'est bien le cas, ou jamais, de s'écrier : Qui nous délivrera des Grecs..... de M. Hamon du moins.

HENRY DE GRAY. — *Le Jour du Marché sur la lande de Poul-David* (Finistère) qu'envoie cet artiste, est terne et embarrassé. Le dessin manque de précision, et la couleur est éparpillée.

JOBBÉ-DUVAL (Félix). — *Néo-grec* comme M. Hamon, et comme lui élève de MM. Paul Delaroche et de Gleyre, M. Jobbé-Duval, de Carhaix (Finistère), est moins puéril que son condisciple. Il croit devoir chercher et varier ses sujets, les composer, les dessiner et les peindre ; et il a souvent réussi dans ses tentatives, qui n'ont été récompensées jusqu'à présent que par une seule médaille, en 1851. Le meilleur tableau qu'il ait exposé cette année, est son *Rêve, effet de brume*, inspiré par ces vers d'André Chénier :

De légères beautés, troupe agile et dansante,
Tu sais, tu sais, ma mère, aux bords de l'Erymanthe.

(Le Jeune Malade.)

Quelques jeunes filles, couchées dans des poses charmantes parmi des roseaux, regardent leurs compagnes qui dansent autour d'un buste de Priape. Le dessin est élégant, mais indécis comme le coloris, ce qui répand sur toute la composition le charme vague et harmonieux qu'a cherché l'auteur. — *Le Calvaire* n'est qu'une étude où M. Jobbé-Duval s'est préoccupé du style, mais non de la justesse du coloris. — Cette recherche du style à tout prix le conduit quelquefois à la prétention. Son portrait de femme aux cheveux rouges, exposé sous le n° 1446, en est une preuve évidente. Elle a la tête mélancoliquement posée sur la main droite, l'autre main est singulièrement appuyée sur le genou ; puis il y a un coussin rose, tandis que le fond est noir. Tout cela est cherché et recherché, sans aucune préoccupation de l'harmonie.

Grâce à l'heureuse idée qu'a eue l'administration de joindre au livret l'indication des ouvrages exécutés dans les monuments publics, depuis le Salon précédent, on peut compléter, comme pour les autres artistes, le contingent artistique de M. Jobbé-Duval, par la mention des portraits de Jean Bullant, de Ducerceau, architectes, et de Jacquet, sculpteur, qu'il a peints, dans une gamme simple et sévère, pour la galerie d'Apollon. Ils sont destinés à être reproduits en tapisserie des Gobelins.

JOLIN (Édouard). — M. Jolin, de Nantes, est aussi élève de Paul Delaroche et, de plus, de M. Robert Fleury, ce qui explique ses propensions à la force et au caractère, dont ses *Usuriers* font preuve. Le tableau désigné sous ce titre représente, dans une sorte de cave, deux personnages occupés à écrire et paraissant vivement intrigués, tandis qu'un autre monte un escalier, un sac d'argent sur le dos. La composition est assez expressive, mais décousue, et la couleur manque de transparence.

JULIARD (Alexandre). — M. Juliard a droit à quelques mots, en sa qualité d'habitant de Nantes. Ses *Pifferari*, dont je connais les originaux, témoignent de sa valeur comme portraitiste. Les types sont bien tranchés, mais la couleur est un peu sèche.

LABOUCHÈRE (Pierre-Antoine). — Au contraire, M. Labouchère est de Nantes et il habite Paris, où il a suivi les leçons de Paul Delaroche. Ses tableaux historiques lui ont valu, dès 1843, une médaille de troisième classe, et en 1846 une de seconde classe. Ils témoignent plutôt des études sérieuses de leur auteur, que de la profondeur de son talent. *Luther à la diète de Worms* est une savante composition, mais tellement encombrée de personnages, que le sens du fait qu'elle représente s'en dégage difficilement, à cause du manque de point central qui puisse fixer l'attention. J'aime mieux la composition plus simple et plus compréhensible de *L'Enfance de Luther*, gravée et exposée par M. Nargeot.

* LEFEBVRE (Mlle). — En sa qualité d'élève de M. Bouquet, dont j'ai parlé, et d'auteur d'un bon pastel représentant une vue de Bretagne, Mlle Lefebvre mérite une mention spéciale. Franchement, je ne supposais pas que le pastel pût s'appliquer avec autant de succès au genre qu'elle cultive. Sa vue marine de la pointe ouest du Finistère est légère, précise et d'un ton très-juste.

* LEFEBVRE (Charles). — A l'école de Gros et à celle de M. Abel de Pujol, M. Ch. Lefebvre s'est formé un goût de dessin ferme et correct que de nombreuses médailles ont récompensé; mais sa couleur n'a point la force et l'énergie désirables. Sa toile intitulée *des Bretons,* représente un jeune homme (à mi-corps) entraînant une jeune fille, en montrant le poing à des gens qui le poursuivent. Cette peinture est correcte, mais froide, à cause de la sécheresse de son coloris.

* LEGENTILE (Louis-Victor). — Cet artiste a dessiné et coloré énergiquement un bel *Attelage de Bœufs, aux environs de Vannes,* où les terrains du premier plan m'ont paru négligés, ainsi que le feuillé des arbres de droite, qui font tache sur le ciel.

LEHENAFF (Alphonse-François), né à Guingamp (Côtes-du-Nord), élève de MM. Achille Deveria et Gleyre. — Au nombre des peintures exécutées pour les monuments, figurent au livret celles que M. Lehenaff vient d'exécuter dans la chapelle Saint-Eustache de la même église, et représentant : La Vision de Saint-Eustache, — son baptême, sa pauvreté et son humilité, — son martyre. — Ces peintures murales, malgré leur correction et leur style, n'ont point attiré autant l'attention que celles de M. Couture, qui, pour être plus prétentieuses, n'ont point la même correction ni la même simplicité.

* LELEUX (Adolphe). — Je n'ai parlé ni de M. Armand ni de M. Adolphe Leleux. Le premier aurait aussi bien mérité pourtant de fixer mon attention que le second, qui rentre plus naturellement dans mon plan, par ses intelligents souvenirs de la basse Bretagne. *La Jeune Fermière* l'y ferait du reste rentrer, si, comme je le présume, elle est bretonne. — Dans tous les cas, elle est peinte avec cette facilité et cette harmonie qui sont habituelles chez leur auteur. Elle est assise à sa porte, sur un banc, et son chapeau de paille, sa robe rouge, son tablier gris, sont dans le plus parfait et le plus délicieux accord. — Mais j'arrive aux *Tricoteuses* de M. Adolphe Leleux, qui sont bien certainement bretonnes. Elles en ont toute la pose, toute la tournure, dans leur petit cadre de quelques pouces; comme il faut les voir de près, elles sont peut-être un peu trop largement peintes. C'est, du reste, le défaut ordinaire à M. Leleux, qui n'arrête pas assez les touches de son pinceau léger. Il est moins sensible dans ses *Enfants effrayés par un chien,* qui est sa toile la plus grande et la plus importante : une nichée de petits enfants sont blottis derrière un buisson, de l'autre côté duquel un chien les effraie en arrivant à pas de loup vers eux. L'expression d'innocence du chien et la frayeur des enfants sont d'un sentiment exquis.

6

LERAY (Prudent-Louis). — M. Leray est de Couëron (Loire-Infé-
rieure). Ce n'est assurément point Paul Delaroche, son maître, qui
lui a conseillé de consacrer son talent aux anecdotes comiques, dignes
tout au plus des vignettes, qu'il affectionne plus particulièrement.
On l'a souvent dit avec raison, les scènes comiques perdent beaucoup de leur sel dans la peinture, qui est une muse sérieuse. Litho-
graphiées — et souvent elles l'ont été, — les compositions de
M. Leray sont à leur véritable place, et valent de bons tableaux de
genre; mais peintes, surtout dans les dimensions de *l'Ermite et
l'Ondine*, elles ont l'air de grandes lithographies. Or, il est plus
avantageux à celles-ci de rappeler les peintures, qu'aux peintures
de leur ressembler. J'engagerai donc M. Leray à lithographier ou à
faire lithographier ses tableaux de cette année, comme il a déjà fait
pour *l'Ane portant des Reliques*, exposé en 1855, et qui a beaucoup
gagné à être interprété par M. Ch. Hue, dont la lithographie figure
au Salon de 1857. Son *Chasseur*, son *Tripot*, ainsi réduits, perdront
cette couleur un peu terne qui nuit à leur expression. *L'Ouverture
de la Chasse,* surtout, fera la plus charmante lithographie : un
sérieux chasseur, armé de son fusil, sort avec sa fille qui a le doigt
sur la lèvre, tandis que, au milieu des broussailles, apparaît un
jeune homme, le seul gibier que fasse lever le chien indiscret.

LEROUX (Célestin). — M. C. Leroux, de Nantes, est un excellent élève de Rousseau. Il a doublement droit à une mention; car,
outre qu'il est Breton, il voyage en Poitou, dans les Deux-Sèvres.
A d'autres, il faut des chaumières, des arbres, des eaux; un simple
chemin lui a fourni l'occasion d'une étude à laquelle il ne manque
qu'un peu de ce fini et de cette harmonie qui toujours sont dans la
nature.

LEROUX (Charles). — M. Charles Leroux, élève de Corot, est le
plus célèbre des deux. Récompensé en 1843, 1846 et 1848, de médailles de troisième, puis de seconde classe, il a toujours persévéré
dans cette voie d'interprétation intime de la nature qui caractérise
l'école actuelle de paysage, dont il est l'un des représentants les plus
distingués. Décrire tous ses paysages exposés, ce serait se condamner
à répéter sans cesse : Quels beaux arbres, quelle limpidité dans ces
eaux, quelle humidité dans cette verdure, quelle grandeur dans ces
nuages!... Un seul d'entre eux, et peut-être le plus beau, réclamerait
ces exclamations et d'autres encore : *l'Erdre pendant l'hiver* est en

effet un chef-d'œuvre dont il faut renoncer à donner l'idée, en indiquant à gauche des rocs grisonnants, roussissants ou verdoyants sous la mousse, à droite, sur l'autre rive du fleuve, des arbres aux branches capricieuses et sans feuilles, et formant une grandiose avenue sous un ciel couvert, humide et glacial.

LOYER (Auguste). — On a bien haut juché le portrait de M. L., pour que je me permette de juger son auteur, M. Loyer, de Rennes, élève de Pierre Guérin. Il ne m'a paru manquer ni d'expression ni de couleur, mais le dessin m'en a semblé d'une exactitude un peu sèche et bourgeoise.

LUMINAIS (Évariste-Vital). — Cet artiste, que je n'ai été à même d'apprécier qu'aux trois ou quatre derniers Salons, bien qu'il eût exposé dès 1846, est un des Bretons de la bonne souche qui me soit le plus sympathique. Bien qu'il n'ait encore obtenu qu'une médaille de troisième classe aux Salons de 1852 et de 1855, il n'en est pas moins l'un de nos meilleurs peintres de genre. *Le Pèlerinage* et *les Pâtres de Kerlat,* qu'il expose cette année, sont deux toiles hardiment peintes et d'une expression locale très-profonde; mais elles ne valent peut-être pas ses *Chercheurs de Crabes* de 1852 ou sa *Leçon de plain-chant* de 1855, dont j'ai aperçu, je crois, cette année, une excellente lithographie. Quoiqu'il soit l'élève de M. Léon Cogniet, M. Luminais n'est point précisément un dessinateur; c'est plutôt un harmonieux coloriste, plus transparent et aussi vigoureux que M. Duveau, moins fin que M. Fortin. De plus, M. Luminais est excellent paysagiste; les arbres et la verdure qui entourent ses pâtres sont là pour le prouver.

* MARIONNEAU (Charles). — M. Marionneau est seulement habitant de Nantes. C'est un paysagiste un peu trop minutieux, pour être transparent; mais ses *Dernières Feuilles* sont une peinture consciencieuse qui révèle dans leur auteur le tempérament d'un dessinateur plutôt que celui du coloriste.

* MAUDET (Saint-Remy). — M. Maudet est l'un des trop rares élèves d'Eugène Delacroix. Il s'annonce, je crois, pour la première fois cette année, comme un portraitiste plein de caractère et d'originalité. C'est évidemment un artiste convaincu. Son portrait de Mme la comtesse de G... est exécuté dans une manière artistique qui manque de finesse comme dessin, mais qui, au point de vue de la couleur, est d'une robuste harmonie. Elle est assise, pleine de calme, dans un fauteuil Louis XVI, coiffée d'un bonnet à rubans violets et vêtue

de noir. — M. A. B... est un blond sanguin, dont la tête a été aussi grassement et aussi intelligemment maçonnée que celle de la jeune F... a été traitée doucement et vaporeusement, comme le teint rose pâle du modèle le réclamait sans doute.

MAYER (Auguste-Étienne-François).. — M. Mayer, de Brest, est tout naturellement peintre de marines. Il est très-connu, et a été médaillé dès 1836, et décoré en 1839. Il se rattache malheureusement, selon moi, à Gudin, par la façon sèche de dessin et de coloris dont il comprend la mer et les vaisseaux. Ce reproche s'adresse au seul de ses deux tableaux que j'aie pu voir : *Le vaisseau le Vétéran abordant à la citadelle de Concarneau* (janvier 1806), après avoir échappé à la croisière d'une division anglaise.

NOEL (Jules). — M. Jules Noel est l'un de nos paysagistes les plus faciles et des plus féconds. Né à Quimper, par conséquent breton, il est élève d'un breton, M. Chariot, de Brest, et a exploré la Bretagne plus que personne. En 1853, ses *Souvenirs de sa province* lui valurent une médaille que j'espérais devoir être suivie de d'autres médailles plus élevées ; mais les efforts constants de M. Noel n'ont point été reconnus depuis. Son *Retour de pêche* est d'une couleur chatoyante et d'une franchise d'exécution tout à fait remarquables, qui n'ont peut-être pas toute la simplicité et la naïveté de moyens des chefs de l'école, mais qui ont aussi leur charme artistique, à raison surtout de leur facilité, je dirais presque de leur *chic*. — Son *Paysage emprunté au Pas-de-Calais,* qui offre un beau groupe d'arbres et un berger ramenant ses moutons, n'a pas la même légèreté ni la même transparence.

ORLIAC (Mme), née Élise CAÑOBY. — J'ai dit que les bons pastels étaient rares ; ceux de Mme Orliac, de Nantes, et élève de Léon Cogniet, sont, je le regrette, une nouvelle occasion de le répéter. Le dessin pourtant est précis et élégant ; mais pourquoi ces tons ternes et violacés, et ces fonds écrasants ?

* PARMENTIER (Marie-Félix). — J'aurais désiré, parmi les quelques sujets empruntés à l'histoire de la Bretagne que renferme le Salon, en rencontrer au moins un remarquable. Hélas, en voici un que j'ai examiné pour l'acquit de ma conscience, mais que j'ai hâte de citer sans m'y arrêter, tant le dessin et la couleur en sont choquants. Il représente le présage fait par une sœur au petit du Guesclin, qui culbute les meubles.

* Penguilly L'Haridon (Octave). — Si le talent très-original de M. Penguilly n'avait pas été, mieux que je ne saurais le faire, apprécié avant moi par nos meilleurs critiques, j'irais consulter, en l'absence de ses peintures toutes bien casées chez les amateurs, ses énergiques et spirituelles eaux-fortes, d'autant plus volontiers que son grand tableau de cette année est tout à fait en dehors du genre habituel à cet artiste. Ordinairement, M. Penguilly hante les tripots, les intérieurs de mendiants, les sorciers, et tout ce qui peut fournir un aliment à ses propensions spirituelles, dont il a hérité de Charlet, son maître. Mais, cette année, il s'est fait peintre de batailles. Son *Combat des Trente* (1350), dont on peut voir la description au livret, n'est point, quoi qu'il en dise, une lutte acharnée de Bretons et d'Anglais : c'est une réunion de mannequins habilement couverts d'étincelantes armures, dont le poids paraît singulièrement contrarier les intentions meurtrières des combattants. Est-ce une critique de l'habillement militaire du XIVᵉ siècle? ou plutôt, M. Penguilly, récemment nommé conservateur du Musée d'artillerie, n'a-t-il point voulu en témoigner sa reconnaissance à l'administration, par un tableau tout à fait en rapport avec ses fonctions et qui pût lui servir de morceau de réception? — Une petite gravure sur bois, exécutée par M. Pierdon, et aussi exposée au salon, nous ramène aux sujets de prédilection de M. Penguilly, que nous prions, en grâce, de ne pas contrarier sa voie. Près de la porte d'une habitation, trois mendiants bretons, dont l'un sur ses béquilles, chantent pour gagner la pitié du maître du logis, qui doit bien dormir, car il fait nuit noire.

Picou (Henri-Pierre). — M. Picou, de Nantes, élève de Paul Delaroche, n'a pas réalisé encore toutes les espérances que ses débuts avaient fait concevoir. Il a fait mieux qu'il ne fait aujourd'hui. *Cléopâtre et Antoine sur le Cydnus* était une belle peinture, qu'une médaille de seconde classe récompensa justement en 1848. Mais, depuis, son dessin a perdu de sa précision, à raison d'une certaine couleur fondue et léchée qui ôte presque tout caractère à ses œuvres, auxquelles il reste encore pourtant le mérite de la composition. — L'on peut vérifier ces remarques dans *l'Étoile du soir,* où, sur une barque, une jeune fille couronne un jeune homme, tandis qu'une autre rame et qu'une troisième cueille du nénuphar dans une pose charmante. — *Le Bain* offre un beau corps de jeune femme ; mais la mollesse des contours et la carnation lisse et comme soufflée viennent contrarier le mérite de la pose.

* Poussin (Pierre-Charles). — M. Poussin a emprunté aux coutumes de la Bretagne le sujet d'un tableau d'une très-grande fraîcheur de coloris, mais qui n'a pas toute la vérité d'interprétation locale habituelle aux Bretons spéciaux. C'est, dit le livret, *une Noce sortant de l'église au moment où les enfants présentent à la jeune femme un rameau sur lequel est attaché le bouvreuil qu'elle doit délivrer.*

Roussin (Victor-Marie). — M. Roussin, élève de Luminais et né à Quimper, est bien plus vrai. Il se rapproche de Fortin par la franchise du coloris, mais non par le dessin, qui n'a point la même finesse. Son *Attente du Dîner* est pleine d'harmonie : une vieille fait la cuisine dans un vaste chaudron, tandis que, sur un banc, quatre enfants attendent paisiblement l'heure du repas. Mais c'est heurté de dessin, comme aussi sa *Famille bretonne*, qui est empreinte d'un bien grand sentiment de la réalité : une jeune fille tricote, auprès d'un brave Breton qui allume sa pipe et de deux enfants qui jouent avec une pie.

Saint-Genys (le marquis Arthur de). — Voyez *Anjou.*

* Servin (Amédée-Élie). — On ne se douterait pas que M. Servin fût élève de Drolling. Sa peinture ne se ressent en rien de l'école. Comme ton de couleur, ses tableaux ressemblent à ceux de M. Fromentin, sans en avoir la finesse. Les huit *Epierreurs de champs* (souvenir de Bretagne) sont de braves travailleurs, à part le jeune gars qui embrasse la jeune fille, et c'est d'une solide facture, trop solide même. — *Le Marché à Saint-Dourlo* (Finistère), toujours un peu heurté d'exécution, est aussi peut-être un peu encombré, à raison de la dimension restreinte du cadre, qui n'a pas plus d'un pied et demi de large ; mais, pour un Parisien, M. Servin comprend assez la Bretagne.

* Trayer (Jean-Baptiste-Jules).—Il en est de même de M. Trayer, dont la brosse est bien plus fine et plus harmonieuse. Un marché du Finistère lui a aussi fourni un charmant sujet. Il a très-heureusement distribué la lumière sur les coiffes blanches et les chapeaux ronds des paysans et paysannes assis dans l'attente des acheteurs de grain. — La largeur dans l'effet et la vérité d'expression ne sont pas moins remarquables dans la petite toile intitulée *la Retenue*, où *deux élèves de l'école supérieure de Quimperlé*, nous apprend le livret, s'ennuient à mourir, dans des postures qui trahissent suffisamment leur ennui.

TOULMOUCHE (Auguste). — M. Toulmouche, de Nantes, est l'un des meilleurs élèves de M. Gleyre. C'est un ancien néo-Grec, qui est encore l'un des plus fidèles à cette école dont l'existence est gravement compromise depuis l'abus que M. Hamon a fait de ses principes. Mais il s'abuse aussi lorsqu'il cherche jusque dans la nature un élément à son dessin recherché et à sa couleur pâle à force d'être sobre, ou criarde à force de vouloir être locale. Le portrait de Mme *** est sec et dur, au lieu d'être ferme et sévère, comme doit être l'original, à en juger par le caractère général que M. Toulmouche a indiqué lui-même dans l'ensemble de la physionomie. — *Le Baiser* offre une mère embrassant son enfant. C'est un véritable sujet de genre, où M. Toulmouche a cherché la ligne, mais point la couleur. C'est bien composé, mais sec. — Son autre portrait de jeune femme ne vaut pas mieux. Le dessin, à force de précision, arrive à la sécheresse, et les couleurs claires nuisent à l'unité de l'ensemble; enfin, je trouve à critiquer jusqu'au cadre, qui est rond.

 * VIDAL (Vincent). — On est tout étonné de trouver cette année, parmi les Bretons, M. Vidal, le délicat et exquis dessinateur des minois de la minauderie parisienne; mais ce n'est qu'un essai dans lequel on espère qu'il ne persévérera pas. Son *Braconnier breton* et *la Pluie en Bretagne,* offrent deux grands Bretons dégingandés, d'un dessin et d'une couleur indécis. Quant à ses *Paysans de Plouescat rentrant au logis,* ce n'est qu'un croquis, mais par trop microscopique pour une peinture à l'huile.

 * WISMES (le baron Jean-Baptiste de). — M. de Wismes dessine, lithographie et grave à l'eau-forte avec une légèreté et une vigueur qui témoignent de l'étude approfondie qu'il a dû faire des maîtres paysagistes flamands et hollandais. Sa *Chaumière de Mayet-sur-Orne* est pleine de lumière. On pourrait peut-être y reprendre un peu de rondeur dans les transitions des clairs aux ombres, comme aussi dans son *Intérieur de hangar à Fermanville,* eau-forte transparente, où le travail manque pourtant de variété : les rochers, la femme et les enfants assis auraient dû être traités, ce me semble, différemment entre eux.

SCULPTURE.

BARRÉ (Jean-Baptiste), né à Nantes, élève de M. Molchnecht. — Je ne peux me ranger à l'opinion de l'auteur du mot d'éloges pompeux inséré dans *l'Auxiliaire breton* du 30 janvier 1855, et reproduit dans la *Revue des provinces de l'Ouest* (2ᵉ année, p. 397), sur la *Graziella* de M. Barré, dont la pose me semble lourde et disgracieuse. Le modelé seul témoigne de l'habileté de l'auteur, comme exécutant. Mais il y a loin de là à l'espérance qu'avait fait concevoir sa *Madeleine* exposée et récompensée en 1843. Une gravure en a été publiée dans le *Magasin pittoresque* de la même année, p. 176.

DEBAY (Jean-Baptiste-Joseph). — Ce nom est depuis longtemps cher aux Nantais, à qui il est inutile de rappeler quels titres M. Debay a à leur estime. Malheureusement, M. Debay n'ayant exposé cette année que des bustes, je n'ai point occasion de l'apprécier dans une de ces compositions où l'imagination et le talent sont plus en évidence. Ce n'est pas que l'on ne puisse relever la correction et l'élégance de ses portraits exécutés en marbre ou en bronze. Celui de Mˡˡᵉ L. C... surtout est d'une précision gracieuse qui témoigne d'une profonde interprétation de la nature.

DURAND (Ludovic), né à Saint-Brieuc. — On croirait plutôt M. Durand élève de Pradier que de MM. Toussaint et Duret. Son dessin n'a rien de la précision de ces derniers, tandis que ses contours se rapprochent de la grâce de ceux de Pradier, sans en avoir pourtant la correction. *L'Amour fait revivre,* est un groupe en plâtre, auquel il ne manque qu'un peu de ce fini et de cette précision que réclame le sujet, du reste gracieusement composé et très-heureux de ligne. Dans ses bustes en plâtre ou en marbre, M. Durand est toujours très-gracieux, trop peut-être, il en est presque mondain ; et s'il fallait le comparer à quelqu'un plus justement encore qu'à Pradier, il faudrait le rapprocher d'un peintre, de M. Dubufe, dont il a la recherche et l'intention dans ses physionomies, notamment dans celle de M. Dauvergne, qu'il a trop embelli à la manière de ce qu'on appelle un joli garçon. — La mollesse du contour est peut-être plus grande encore et plus fondue dans le modelé *léché* du buste en marbre d'un enfant, portant le n° 2874. — En somme, M. Durand a une propension regrettable à négliger de caractériser ses têtes d'après les grands traits que lui fournit la nature.

LANNO (François-Gaspard-Aimé), né à Rennes, élève de Cartellier. — M. Lanno a été grand prix de Rome, médaillé, décoré, etc., pour ses nombreux et remarquables travaux ; mais je n'ai point l'espace suffisant pour les rappeler. Le buste en marbre de Mᵐᵉ C..., qu'il expose cette année, est un de ses meilleurs. Les traits sont bien accusés, peut-être un peu sèchement. Mme C... est gracieusement enveloppée d'un voile, et son expression est des plus fines.

LEBOURG (Charles-Auguste), né à Nantes. — M. Lebourg est un des bons élèves de Rude, et qui ne s'est pas trop laissé dominer par les principes un peu exclusifs de l'école. Il a cru devoir s'aider dans ses conceptions, qu'il dessine toujours avec précision, des ressources de coloriste qu'il possède et qu'il ne tient que de lui-même. Son *Joueur de cornemuse*, ou plutôt de *biniou, dansant la Nigouce,* en est une preuve évidente ; peut-être même sa franche gaîté et sa pose hardie sont-elles un peu trop pittoresquement rendues ; mais le sujet autorisait ce mouvement, que rarement la statuaire peut se permettre. — Son grand médaillon en plâtre est aussi une vigoureuse et pittoresque figure du vieux *Roi de Thulé,* que ces vers du *Faust* de Goëthe ont inspirée :

> Sous le balcon grondait la mer :
> Le vieux roi se lève en silence ;
> Il boit, et soudain sa main lance
> La coupe d'or au flot amer.

— Pour apprécier plus complétement la tournure et la couleur du ciseau de M. Lebourg, il faudrait encore chercher dans les nouvelles décorations du Louvre le groupe des *Génies de la Chasse et de la Forge,* auquel le livret renvoie.

ANJOU.

PEINTURE.

ANTIGNA. — J'ai déjà parlé de cet artiste à propos des sujets qu'il a empruntés à la Bretagne. Je dois aussi faire ici mention de sa *Visite de l'Empereur aux ouvriers ardoisiers d'Angers, pendant l'inondation de* 1856. Peu de sujets prêtaient autant. D'où vient que ni M. Antigna ni M. Moullin n'ont su en tirer parti ? Si ce dernier a trop donné de valeur à l'inondation elle-même et pas assez aux personnages, le premier a complétement sacrifié l'inondation à un groupe qui occupe un espace trop important et dont l'expression est loin d'avoir la valeur désirable ; et la couleur, qui ne demandait ni éclat ni variété, mais plus d'harmonie, est terne et lourde comme d'habitude.

APPERT (Eugène). — Pour un élève de M. Ingres, M. Appert, d'Angers, est assez dessinateur et assez coloriste ; mais ses compositions, qui ne sont pas exemptes de prétention, ne sont pas toujours heureuses. Sa *Fileuse,* qui a pour moi l'avantage et pour elle le tort de rappeler un sujet analogue et souvent traité avec supériorité, Hercule entre le vice et la vertu, me suggère en partie cette opinion. Une jeune fille, à la physionomie irrésolue, hésite entre deux conseillères : l'une, fileuse brune et chaste ; l'autre, dégarnie et richement parée. Le contour des figures n'a point la précision et l'élégance qui paraissaient devoir concourir à l'expression générale, mais la couleur est harmonieusement variée et compense en partie ce défaut. — Il y a plus de vingt ans que le nom de M. Appert figure aux livrets des Salons, et dès 1844 une médaille lui était décernée pour sa *Vision de saint Ovens* et ses *Baigneuses dans les lagunes.*

BODINIER (Guillaume). — M. Bodinier, dont le nom figurait bien plus anciennement encore aux livrets des Expositions (voir celui de 1827), fut élève de Pierre Guérin ; mais il ne prit point part à la réaction que quelques-uns de ses condisciples firent triompher vers 1830. Ses études dans la campagne romaine et ses portraits ne lui valurent pas moins de nombreuses récompenses : il obtint en 1828 et 1846 une médaille de première classe, et fut décoré en 1849. Les tableaux qu'il expose cette année témoignent de la solidité de ses premières études, mais aussi du peu d'influence qu'ont eu sur lui les succès de l'école actuelle. *Le Repos de Voyageurs et de Bergers* (États romains) et *Le Repos de Pèlerins et Femmes venant puiser de l'eau* (route de Rome à Naples) sont des études sérieusement dessinées, mais peu ravivées par le charme de la couleur. Ses portraits de *M. le docteur Bérard* et du *Préfet de Maine-et-Loire* laissent aussi beaucoup à désirer sous ce point de vue.

CESBRON-LAVAU (Jules). — Voici, je crois, un débutant. Élève de MM. Émile Lecomte et Gleyre, M. Cesbron-Lavau, de Cholet, s'annonce comme un portraitiste assez fin dans le portrait de *M. Ch. Dancla.* Mais qu'il me soit permis de regretter que le type de l'original n'ait pas été plus favorable. Le crâne n'a pas de développement, les yeux sont clignotants, etc.; il a bien fallu être exact.

LENEPVEU (Jules-Eugène). — M. Lenepveu me paraît être un jeune homme plein d'avenir, si j'ai confiance dans les jugements qu'on porte sur ses grands travaux d'Angers. D'ailleurs, grand prix de Rome (1847), et deux fois médaillé, en 1847 et 1855, cet artiste voit déjà son mérite reconnu et encouragé. Mais je ne crois pas devoir asseoir un jugement sur la seule peinture qu'il expose cette année sous le titre de *Noce vénitienne;* ce n'est point, malgré le mérite de la composition, un tableau de l'importance, comme expression et comme coloris, des décorations à fresque qu'il exécute à Angers, dans la chapelle du nouvel hospice, avec la collaboration d'un autre artiste de talent, M. Jules Dauban, conservateur du Musée de cette ville. — On nous fait espérer que des photographies de ces peintures en voie d'exécution depuis trois ans, nous permettront de juger le mérite de leur composition.

MORAIN (Pierre). — Le portrait exposé par M. Morain, dit de Morannes, du lieu de sa naissance, et élève de l'École des Beaux-Arts, est d'une franchise de physionomie tout à fait remarquable. Mais la couleur en paraît peut-être un peu de convention; elle est comme passée au four.

MOULLIN (Louis). — M. Moullin, je l'ai déjà dit à propos de M. Antigna, n'a point réussi son *Inondation des carrières d'ardoise de Trélazé, visitée par l'Empereur.* Son tableau doit avoir le mérite de l'exactitude topographique, mais il manque d'unité dans l'effet; le groupe qui entoure l'Empereur est par trop sacrifié à l'étendue de l'inondation, et le dessin est aussi pauvre que la couleur.

SAINT-GENYS (le marquis Arthur de). Né à Angers, et élève de MM. Aligny, paysagiste académique, et Biennoury, grand prix de Rome, M. de Saint-Genys ne se ressent en rien de ses maîtres. Ils n'auraient point su lui apprendre à saisir le charme du site qu'il a donné à sa petite étude de *la Rivière de Quimperlé (Finistère)*; mais, en revanche, ils lui auraient conseillé plus de précision à l'égard du dessin et du coloris, un peu lâchés l'un et l'autre, de ses peupliers, de son ruisseau et de son ciel bleu rose, dont les reflets sur la verdure m'ont paru manquer de vérité.

SCULPTURE.

BOURICHÉ (Henri). — M. Bouriché, de Chemellier (Maine-et-Loire), à eu pour maîtres Jean Debay, le célèbre statuaire breton, et Yvon, peintre, dont les œuvres se font remarquer au Salon de cette année. C'est, je crois, la première fois qu'il expose, et son début est plus que satisfaisant. *Le Génie des Beaux-Arts* est une charmante statuette en marbre, dont le mérite m'a encore paru mis en relief par la médiocrité des œuvres qui l'entouraient, à l'entrée même du Salon, où elle a seule attiré et retenu longtemps mes regards. La pose est simple et pleine de grâce, le contour est délicat, et le modelé est plus remarquable encore. La physionomie seule de la tête du génie m'a semblé insignifiante, à cause de son extrême prétention à la simplicité. N'eût-il pas été convenable de réveiller la froideur inséparable de ces sortes de figures allégoriques, par l'étude d'un type bien caractérisé, soit que l'artiste l'eût emprunté à l'idéal, soit que la nature en eût fourni le premier modèle. Malgré cela, cette figure a bien gagné à son auteur la troisième médaille qui lui a été décernée.

DAVID (Adolphe). — M. Jouffroy est actuellement l'un de nos meilleurs professeurs de sculpture, et M. David, de Baugé, n'est pas son moindre élève. Il a exposé quatre camées, dont trois portraits, — un d'enfant, ovale, un d'homme et un de jeune homme, — d'un modelé correct, mais un peu sec. Quant à la reproduction du *Naufrage de la Méduse* de Géricault, elle ne peut avoir qu'un mérite très-secondaire. La couleur solide et harmonieuse, le dessin vigoureux et énergique qui constituent le mérite de la magistrale composition de Géricault, ne pouvaient être transportés dans un camée blanc de quelques pouces. Ce ne peut être pour son auteur qu'une étude très-profitable; mais, pour le public qui connaît l'original, qu'un sujet de comparaison bien défavorable au copiste.

GRABOWSKI (Félix), né à Angers, élève de Ramey et de M. Aug. Dumont. — M. Grabowski a essayé d'exprimer, dans l'art le plus précis, l'idée la plus vague et la plus délicate. Une jeune fille et un chien veulent personnifier *la Pensée et l'Instinct*, d'après ce texte poétique :

> Sa pensée est au ciel, au séjour qu'elle espère,
> Et son chien, son ami, son compagnon sur terre,
> Fixe instinctivement et promène ses yeux
> Sur son regard perdu qui s'enfuit vers les cieux.

Ces vers et le groupe en marbre du statuaire rappellent involontairement certaines vignettes anglaises. La composition pittoresque de M. Grabowski et le fini du modelé des chairs, contrastant avec la peau de bête dont la jupe de la jeune fille est recouverte et avec le poil du chien, rompent toute unité, tout calme dans l'effet. Je regrette que tant d'habileté dans l'exécution ait été appliquée à un sujet aussi peu compris et aussi peu compréhensible. Une médaille de deuxième classe a été décernée à M. Grabowski pour ce groupe, que quelques critiques ont plus favorablement traité.

TALUET (Ferdinand).—Angers est encore le lieu de naissance de cet élève distingué de David, son illustre compatriote. M. Taluet cherche, comme son maître, à caractériser à grands traits la physionomie de ses bustes; mais il ne sait point, comme lui, sacrifier les détails inutiles. Le buste en plâtre, plus grand que nature, de M. Tessier, doyen de l'Institut, est intelligemment compris comme type, mais son exécution est heurtée et peu simplifiée. Le buste demi-nature de M. Colins laisse moins apercevoir ce défaut, à raison de sa dimension plus restreinte.

POITOU.

PEINTURE.

* AUGUIN (Louis-Augustin). — M. Auguin, élève de Jules Cognet, voyage autant dans le Poitou que dans la Saintonge, qui est son pays. Il s'est déjà fait remarquer aux expositions locales, notamment à celle qui eut lieu à Niort en 1853, et aussi à la grande Exposition de 1855. La vue qu'il expose cette année a été prise en Poitou : quelques beaux arbres au haut d'un coteau rocailleux d'où l'on aperçoit un cours d'eau, des nuages argentés à travers un feuillage lumineux, tels sont les éléments du tableau de M. Auguin, qui pèche par un peu de sécheresse dans l'exécution, mais qui rend avec naïveté l'aspect solide et harmonieux du pays.

* BARBIER (Nicolas-Alexandre). — M. Barbier, voyageur parisien, que j'ai déjà cité pour ses souvenirs de Bretagne, explore aussi le Poitou. J'ai aperçu son *Assemblée de moines dominicains dans une salle d'architecture gothique de l'ancien monastère de Montierneuf*, mais à une hauteur qui ne me permet de relever qu'une harmonie satisfaisante dans l'effet.

BAUDRY (Paul), né à Napoléon-Vendée, élève de Drolling et premier grand prix de Rome en 1850. — Depuis longtemps l'on n'avait eu un aussi brillant début d'artiste à constater, avec des motifs aussi sérieux de se fier aux espérances qu'il fait concevoir. Sans m'exagérer, comme quelques critiques — malgré mes prédispositions à les imiter — la valeur des cinq tableaux exposés par M. Baudry, au point de le juger dès à présent comme un maître *arrivé*, j'ai pu apprécier dans leur auteur quelques qualités de premier ordre ; mais il saura bientôt, j'en suis sûr, les mettre plus au jour, quand il aura bien démêlé son originalité à travers les traditions d'école et les autres influences qu'il a dû subir avant et surtout pendant son séjour à Rome. Ces qualités, qui sont précisément les plus rares à rencontrer chez les peintres sortant de l'école dès Beaux-Arts, quoiqu'elles soient le plus spécialement du domaine de la peinture, les qualités de couleur et de vie, me semblent indiquer chez M. Baudry un tempérament essentiellement peintre dans le sens propre du mot. Mais s'allient-elles avec les propensions qu'il a à s'inspirer jusqu'au pastiche, de ses maîtres de prédilection, Titien, Léonard, Corrège ? Je ne le crois pas ; aussi ne puis-je regarder ses envois, à part peut-être la *Léda* et le *portrait de M. Beulé*, que comme un témoignage de la profonde influence qu'a eue sur lui son séjour parmi les maîtres tant dessinateurs que coloristes, influence inévitable, je le répète, et qui lui sera certainement profitable, s'il sait maintenant s'y soustraire, comme ses dernières œuvres le font heureusement prévoir.

Je ne m'arrêterai point longtemps sur le *Supplice d'une Vestale*, qui a déjà, dans la *Revue des provinces de l'Ouest,* 4e année, p. 356, été l'objet d'un article spécial. Je me contenterai de rappeler le mérite de facture franche et facile de cette immense toile, mais aussi le grave défaut qu'on a justement reproché à sa composition décousue et horriblement tiraillée. — *La Fortune et le Jeune* (sic) *Enfant* est un tableau bien plus remarquable, au point de vue de la composition comme à celui de l'expression et surtout de l'harmonie du coloris. Elle a été l'objet de nombreux éloges, parfois exagérés, surtout de la part de quelques maladroits compatriotes (V. le numéro du 12 septembre du *Luçonnais*) et de quelques critiques, dont l'appréciation que je viens de présenter du talent de M. Baudry est à peu près le résumé combiné avec mon propre sentiment. — J'ai préféré agir ainsi avec lui, contrairement à la méthode plus littéraire qu'artistique des juges en vogue, dont le but semble être de rivaliser avec l'artiste dans les descriptions qu'ils font du sujet de leurs tableaux. Il est vrai que de ces descriptions, souvent très-heureuses, ressort indirectement l'éloge ou la critique de l'œuvre qui en fournit les éléments ; mais le tableau est trop souvent aussi, par contre, éclipsé par la phrase descriptive, tableau nouveau sur le même sujet, adressé au bon public en guise de jugement. Lire plutôt, ci-dessous, la description de la *Léda*, par M. Paul de Saint-Victor, avec lequel je n'essaierai pas de rivaliser à mon tour. — Mais, d'abord, afin d'éviter ce défaut et le défaut contraire, j'indiquerai, rapidement du moins, le sujet de *La Fortune et l'Enfant*. Ces vers de La Fontaine :

> La Fortune passa, l'éveilla doucement ;
> Lui disant : Mon mignon, je vous sauve la vie ;
> Soyez une autre fois plus sage, je vous prie.

ces vers, dis-je, sont ainsi traduits par M. Baudry : La Fortune, traitée dans le goût du Titien, pour la carnation, et de Léonard, pour le type, est assise sur le bord du puits, le pied sur la roue et entourée d'une draperie rouge ; elle retient en souriant l'enfant posé, dans le goût de Raphaël, sur une draperie bleue. — Voici maintenant la petite *Léda*, décrite par M. de Saint-Victor : « Elle rêve debout, la main posée sous le menton, les yeux passionnément ouverts ; son fin visage baigné par l'ombre de ses tresses effilées exprime une hésitation voluptueuse, à la fois, la défiance et le désir de l'étrange hymen. Cependant le cygne palpite dans l'herbe à ses pieds ; il allonge vers elle son col gonflé, son bec avide. C'est la tentation de l'Ève païenne, et les tentateurs se ressemblent : tous deux ondulants, enlaçants, obliques. Le paysage est désert, le bois touffu comble de son ombre le couple furtif ; bientôt sans doute un nuage d'or descendu de l'Olympe enveloppera ces amours sacrées. » J'ajouterai que la *Léda*, la dernière œuvre, je crois, de M. Baudry, prouve les efforts qu'il fait déjà pour trouver sa propre voie. Il y a là moins de souvenir des maîtres, et le résultat de l'influence récente des francs coloristes de notre nouvelle école, combinée avec un goût de dessin très-gracieux et très-original. — Le petit *Saint Jean* est une œuvre toute différente, dans laquelle sont encore évidentes les transformations du talent de l'artiste, transformations qui le conduiront bientôt à la découverte définitive de son originalité. C'est probablement une étude faite sur nature, d'un enfant aux formes accentuées, mais dont la pose manque pourtant de naturel et surtout de grâce, contre l'ordinaire de M. Baudry. Le coloris en est toujours solide et harmonieux. — Enfin, le *portrait de M. Beulé*, qui est, ai-je dit, le plus beau du Salon, avec celui de M. Flandrin, est encore l'œuvre où M. Baudry se montre le plus original et le plus magistral, j'ose ici prononcer ce grand mot. Le professeur distingué du cours d'Archéologie de la Bibliothèque impériale est représenté jusqu'aux genoux et de trois quarts ; il a le bras droit sur un fauteuil rouge, et la tête appuyée sur l'autre qu'il a posé sur une table où l'on remarque des papiers et une Minerve. L'habit est boutonné, les jambes sont croisées. L'expression du visage et de la pose ont bien la distinction de l'homme du monde, en même temps que du savant archéologue. Le coloris a la vigueur et la transparence habituelles à M. Baudry ; mais est-il bien, dans les chairs, pour qui connaît l'original, celui qui convenait pour rendre le teint un peu incolore et nerveux, et non certainement sanguin, de M. Beulé? Malgré, et peut-être à cause de ce défaut, ce portrait est, tel qu'il est, si franc, si harmonieux, que je ne peux m'arrêter à ce détail de ressemblance, et que je quitterai M. Baudry, plein de confiance dans les promesses que font ces œuvres, et sûr qu'il ne tardera pas à les remplir. Mais qu'il n'aille pas regarder son succès, sanctionné par une première médaille et par l'acquisition, pour le Luxembourg, de sa *Fortune* et du *Supplice d'une Vestale*, comme un triomphe définitif, mais comme un encouragement.

    * BOULANGÉ (Louis). — M. Boulangé voyage dans la Champagne, dans la forêt de Fontainebleau et dans la Charente. Il s'est arrêté près des bords de cette rivière, aux environs de Civray, dans un moment où le ciel bleu, semé de quelques nuages blancs, donnait à ces bords verdoyants d'arbres élancés une transparence et une gaieté dont il a su rendre naïvement le charme. Mais ce tableau comparé à son *Souvenir de Fontainebleau*, n'est peut-être pas d'un effet aussi harmonieux.

    CURZON (Paul-Alfred de), né à Poitiers, élève de Drolling et de M. Cabat, et de l'école de Rome. — M. de Curzon est à mes yeux et suivant quelques critiques délicats et un grand nombre de ses confrères, l'un des sujets les plus distingués et des plus originaux de la nouvelle école. Il cherche, comme M. Gérôme, le style et le caractère par les moyens les plus simples. Peut-être moins savant, moins précis que lui comme dessinateur, il le surpasse assurément au point de vue de la couleur ; et il sait fondre ces deux parties fondamentales dans une mesure à lui particulière et qui constitue son originalité. De plus, c'est l'un de nos plus suaves paysagistes. D'où vient que tant de qualités n'ont encore été sanctionnées par aucune récompense aux Salons de Paris (¹), et que son talent, aujourd'hui complet et arrivé, je crois, à sa maturité, semble passer inaperçu, aux yeux du moins des autorités? Car il est, ai-je dit, apprécié par certains amateurs et par ses confrères plus fortunés. Il est vrai que les œuvres de M. de Curzon, y compris les dix tableaux qu'il a envoyés cette année au Salon, sont de nature, par leurs modestes prétentions, à n'attirer l'attention que des plus délicats connaisseurs; et son tableau le plus important par le sujet, *Dante et Virgile sur le rivage du Purgatoire*, ne renferme point les qualités qui caractérisent ordinairement son talent; aussi passe-t-on un peu rapidement devant cette toile, qui a le tort de rappeler un tableau charmant, *le Soir*, de Gleyre. — Mais on devrait lui pardonner en voyant *le Jardin du Couvent*, *l'Escalier saint de San Benedetto*, *les Aveugles grecs*, et ses paysages. Il faut surtout chercher dans ces compositions le tempérament délicat et distingué de M. de Curzon. Dans *le Jardin du Couvent*, souvenir de Tivoli (États romains), des religieux se livrent à de simples travaux de culture; l'un d'eux puise de l'eau, l'autre arrose, un troisième rafraîchit de sa bêche la surface du sol desséché. Près d'eux, un de leurs frères, assis sur les degrés d'un perron ombragé de pampres, paraît plongé dans de pieuses pensées ; au fond, le clocher du couvent se détache sur les rochers, et un petit coin de ciel avec un rayon de soleil anime seul cette retraite pleine de calme et d'une solitude profonde. Il y a, dans le dessin délicat et dans la couleur harmonieuse de cette charmante toile, comme un souvenir délicieux du peintre de la vie de saint Bruno. — Le même parfum de

---

(1) Je constaterai pourtant avec plaisir que le mérite de M. de Curzon a du moins été reconnu par ses compatriotes, lors de la brillante exposition provinciale faite à Poitiers en 1851, où une médaille d'or lui a été décernée. (Voyez le Compte rendu de cette exposition, par M. David de Thiais, 1852, in-8°, p. 47.) — Au moment de mettre sous presse, j'apprends qu'une *médaille de deuxième classe* vient d'être décernée à M. de Curzon. Je constate ce fait avec plaisir, quoiqu'il annule les observations qui précèdent.

paix, avec un caractère pénétrant de tristesse, s'échappe de l'étude intitulée *l'Escalier saint*. Sur les degrés d'un portique gothique, un jeune homme souffrant s'est affaissé sur les genoux d'une jeune femme, près d'un autre jeune homme qui prie. La simplicité des poses et la douceur du coloris donnent un grand charme à cette petite toile, que l'auteur vient de traduire avec le même bonheur par la lithographie. — Les *Femmes de Picinisco tissant* (royaume de Naples), auxquelles l'exactitude du costume prête aussi un grand charme, n'ont pas la même harmonie, peut-être à raison de la dimension un peu trop forte que M. de Curzon a choisie. — Ce n'est pas seulement à l'Italie que M. de Curzon demande des sujets d'inspiration. La Grèce aussi et le midi de la France, pays et habitants, exercent son crayon et son pinceau. *L'Albanaise dans la plaine d'Athènes* est gracieusement posée et vêtue d'une robe blanche bordée de rouge, recouverte d'un par-dessus noir bordé de même. — Les trois *Aveugles grecs* recevant l'aumône des mains d'une femme charitable, et, parmi les paysages qui mériteraient un examen spécial, *les Bords du Gardon* et surtout *la Vue d'Ostie*, avec leurs mouvements de terrain, leurs lointains délicieusement fondus, sont aussi de charmantes toiles ; et, bien qu'elles n'aient que l'aspect d'études peu approfondies, j'y trouve un attrait et une intelligence de premier jet, que je regrette de ne pouvoir plus longuement faire remarquer, à raison de l'espace restreint dont je puis encore disposer. Quelques-unes sont, d'ailleurs, je le constate avec plaisir, popularisées par la lithographie et par la gravure, qui, j'espère, contribueront à la fin, pour leur part, à attirer l'attention sur leur auteur, encore peu connu.

    * LEROUX (Célestin). — J'ai déjà parlé de cet artiste parmi les Bretons, et j'ai cité son *Chemin des Deux-Sèvres*.

    * MARLET (Laurent-Jules). — Cet artiste, qui a été nommé récemment professeur de dessin à Napoléon (Vendée), a envoyé au Salon une fine petite esquisse à la Bonington : un cavalier égaré déchiffre avec inquiétude un écriteau qui n'a pas l'air de lui faire retrouver sa voie ; et comme son cheval l'entraîne à l'aventure ! Pourtant, ils feront bien de se tirer au plus vite d'embarras, car le jour baisse et la nuit va les surprendre.

    PHILIPPAIN (Mlle Marie-Élisabeth-Ernestine). — Niort a, depuis longtemps, le privilége de compter une foule de femmes-artistes.

L'une d'elles, Mlle Philippain, élève de M. Amaury Duval, a osé, et je l'en félicite, envoyer à l'exposition une sainte Geneviève, d'une expression douce et distinguée, qui n'a pas les prétentions de science de dessin ou de coloris que l'on aime à Paris, mais qui, dans son exquise simplicité, est pleine d'une candeur toute féminine, à laquelle je suis, pour moi, très-sensible.

Piette (Ludovic). — Voici encore un Niortais, à qui M. Couture a du moins enseigné la couleur, sinon le dessin. L'Épine fleurie, qui représente une jeune fille offrant de l'eau et la blanche fleur de l'épine à son fiancé, a un cachet de poésie légendaire assez bien rendu dans un coloris indécis, mais harmonieux, qui excuse en partie l'insuffisance du dessin et le vague excessif du fond.

* Yvon. — J'ai déjà parlé du grand tableau de M. Yvon représentant la Prise de la tour Malakoff. — Je ne dois pas oublier de rappeler ici que son principal héros se fait tout d'abord remarquer : le colonel Collineau a droit, en sa qualité de Poitevin, à une citation spéciale. Comme dit le livret, il conduit les plus braves, et il a été blessé à la tête au moment où il pénétrait le premier, à travers des combattants acharnés.

SCULPTURE.

Guitton (Victor-Édouard-Gustave), né à Napoléon-Vendée, élève de Rude. — Le début de M. Guitton est presque aussi brillant que celui de son compatriote Baudry, et la Vendée, si peu artistique jusqu'à présent, doit enregistrer avec empressement ces deux noms nouveaux, très-dignes de sa reconnaissance. Pourtant, plus encore à l'égard de M. Guitton que pour M. Baudry, il ne faut pas, je crois, dans leur intérêt même, s'exagérer leur valeur et les encenser, au lieu de les encourager. Pour moi, malgré les bonnes relations, ou à cause même des relations que j'entretiens avec eux et qui me gênent un peu, — comme il m'est déjà arrivé à l'endroit de quelques autres artistes, dans la tâche que j'ai entreprise avec des prétentions d'ailleurs et fort justement modestes, — je ne peux renoncer à la franchise de mon jugement, tout petit et peu important qu'il est. Donc, que l'utilité de ce préambule soit, oui ou non, une fois de plus reconnue, le Léandre de M. Guitton me paraît réussi au point de vue du caractère d'inquiétude et d'hésitation exprimé dans la physionomie générale de la figure, par le modelé en même temps accentué et délicat des chairs finement contractées. C'est bien là une heureuse traduction de ce texte poétique :

> Déjà de son azur la nuit voilait les cieux,
> Et de Léandre seul n'endormait pas les yeux;
> Mais, près des flots bruyants qui battent le rivage,
> Il attend des amours le lumineux message.

Mais la pose n'a ni le naturel, ni l'élégance, ni surtout le calme désirables. Ce défaut est surtout sensible dans la partie supérieure de la figure, où je n'aime point l'effet pittoresque et non sculptural de la main de l'amoureux Léandre au-dessus de ses yeux impatients et chercheurs. — A cette figure, qui a valu à son auteur une seconde médaille et qui a été acquise par le Musée du Luxembourg, je préfère de beaucoup la charmante statue modestement intitulée : *Étude de jeune Fille*. Ici, les principes de Rude, souvent trop favorables à la froideur, se retrouvent appliqués cette fois avec bonheur, à raison de la simplicité du sujet, qui ne demandait point l'expression d'un sentiment particulier, mais l'observation naïve de la nature, dans la pose simple et élégante d'une jeune fille. Elle est assise, et tient d'une main une branche de chêne et de l'autre une fleur de chardon. Quelle que soit la position que l'on choisisse, le contour est correct et gracieux. Une seule critique m'échappera, et qui tournerait, je crois, en éloge, adressée au praticien à qui l'artiste a peut-être eu tort d'avoir recours, c'est que l'exécution très-habile assurément du chardon, est d'un effet pittoresque qui détourne involontairement l'attention. Déjà cette jolie figure a été réduite en plâtre, et cette métamorphose ne lui a rien fait perdre de sa gracieuse simplicité.

Faudrait-il maintenant, mon cher Fillon, pour vous, pour les lecteurs, pour les artistes que j'ai cités, pour moi enfin, hasarder une conclusion et résumer cet ensemble de jugements un peu rapides, mais pourtant sincères? Ou ne ferai-je pas mieux de laisser à tous la plus entière liberté à cet égard? Je me range à ce dernier avis, doutant grandement du poids et de l'importance de l'opinion que je pourrais exprimer. Vous m'excuserez bien, et tout le monde fera de même.

Tout à vous.

Thomas ARNAULDET.

Nantes, Imprimerie A^nd GUÉRAUD et Cie, rue Basse-du-Château, 6.